企业财务管理与财务数字化研究

杨 洁 著

群言出版社
QUNYAN PRESS
·北京·

图书在版编目（CIP）数据

企业财务管理与财务数字化研究 / 杨洁著 . -- 北京：群言出版社，2023.2
  ISBN 978-7-5193-0808-7

Ⅰ.①企… Ⅱ.①杨… Ⅲ.①信息技术—应用—企业管理—财务管理 Ⅳ.① F275-39

中国版本图书馆 CIP 数据核字 (2022) 第 256142 号

责任编辑：胡　明
封面设计：知更壹点

出版发行：群言出版社
地　　址：北京市东城区东厂胡同北巷 1 号（100006）
网　　址：www.qypublish.com（官网书城）
电子信箱：qunyancbs@126.com
联系电话：010-65267783　65263836
法律顾问：北京法政安邦律师事务所
经　　销：全国新华书店

印　　刷：涿州汇美亿浓印刷有限公司
版　　次：2023 年 2 月第 1 版
印　　次：2023 年 2 月第 1 次印刷
开　　本：710mm×1000mm　1/16
印　　张：11.75
字　　数：235 千字
书　　号：ISBN 978-7-5193-0808-7
定　　价：66.00 元

【版权所有，侵权必究】

如有印装质量问题，请与本社发行部联系调换，电话：010-65263836

作者简介

杨洁,女,浙江杭州人,浙江财经大学硕士,主要研究领域:公司治理与财务管理、公司财务数字化、公司投融资管理、公司股利政策等。现任浙江工商大学杭州商学院专任教师,多年来一直从事财务管理领域的教学、竞赛与研究工作,主讲"财务管理""财务报表分析""税法""财务综合实训""财会信息化""RPA财务机器人""大数据与智能财务分析"等本科课程。近年来参与编写多本学科教材,参与多项课题研究,发表多篇学术论文,指导学生参与各类省级竞赛并多次获奖。

前　言

　　数字化时代背景下，信息技术在各个领域中都得到了广泛应用，人们越来越重视数字经济。数字技术的应用不但可以提升企业的财务管理水平，而且还能有效节省资源，实现资源的合理配置。企业财务管理工作也不例外，财务管理工作势必要做出改变，不断完善管理系统使其更加智能，才能更好地完成企业财务管理工作，降低企业财务管理的风险，从而使企业获得长期稳定的发展。

　　全书共七章。第一章为绪论，主要阐述了研究背景、关键概念界定、研究意义等内容；第二章为企业财务管理概述，主要阐述了企业财务管理的概念与基础知识、企业财务管理的演化与发展、数字经济背景下企业财务管理未来的可行方向等内容；第三章为传统企业财务管理的理念、内容与局限，主要阐述了传统企业财务管理的理念、传统企业财务管理的内容、传统企业财务管理的局限等内容；第四章为企业财务管理数字化转型的必要性与困境，主要阐述了数字化大环境的特征与机遇、企业财务管理数字化转型的必要性、企业财务管理数字化转型的困境等内容；第五章为企业财务数字化转型的基本框架，主要阐述了财务共享数字化、管理会计数字化、财税数字化等内容；第六章为企业财务管理数字化的应用技术，主要阐述了云计算和中台架构的应用以及人工智能的应用等内容；第七章为企业财务管理数字化转型的创新，主要阐述了企业财务管理基层数字化的探索——财务机器人、企业财务管理中层数字化的探索——大数据与云财务的建设、企业财务管理高层数字化的探索——大数据财务可视化等内容。

　　笔者在撰写本书的过程中，借鉴了国内外很多相关的研究成果以及著作、期刊、论文等，在此对相关学者、专家表示诚挚的感谢。

　　由于笔者水平有限，书中不足之处恳请各位同行专家和读者朋友予以斧正。

目 录

第一章　绪论……………………………………………………………… 1
　　第一节　研究背景……………………………………………………… 1
　　第二节　关键概念界定………………………………………………… 2
　　第三节　研究意义……………………………………………………… 3

第二章　企业财务管理概述……………………………………………… 5
　　第一节　企业财务管理的概念与基础知识…………………………… 5
　　第二节　企业财务管理的演化与发展………………………………… 27
　　第三节　数字经济背景下企业财务管理未来的可行方向…………… 30

第三章　传统企业财务管理的理念、内容与局限……………………… 40
　　第一节　传统企业财务管理的理念…………………………………… 40
　　第二节　传统企业财务管理的内容…………………………………… 51
　　第三节　传统企业财务管理的局限…………………………………… 84

第四章　企业财务管理数字化转型的必要性与困境…………………… 86
　　第一节　数字化大环境的特征与机遇………………………………… 86
　　第二节　企业财务管理数字化转型的必要性………………………… 91
　　第三节　企业财务管理数字化转型的困境…………………………… 98

第五章　企业财务数字化转型的基本框架……………………………… 104
　　第一节　财务共享数字化……………………………………………… 104
　　第二节　管理会计数字化……………………………………………… 114
　　第三节　财税数字化…………………………………………………… 120

1

第六章　企业财务管理数字化的应用技术…………………………127
第一节　云计算和中台架构的应用………………………127
第二节　人工智能的应用…………………………………139

第七章　企业财务管理数字化转型的创新…………………………151
第一节　企业财务管理基层数字化的探索——财务机器人…………151
第二节　企业财务管理中层数字化的探索——大数据与云财务的建设…158
第三节　企业财务管理高层数字化的探索——大数据财务可视化………171

参 考 文 献 ……………………………………………………………179

第一章　绪论

我国企业正在逐步加强财务管理战略转型，而财务数字化建设正是转型过程中的关键一环。因此，有必要对企业财务管理与财务数字化展开研究。本章分为研究背景、关键概念界定、研究意义三部分。

第一节　研究背景

为了更好地适应当今时代的发展，企业财务管理实施数字化转型刻不容缓。在全世界数字经济发展的促进下，普通百姓的衣食住行、学习工作、日常消费和休闲娱乐方式也在不断地向数字化发展方向靠拢，社会整体的生活方式、生产模式、市场策略、商业模式、客户关系乃至生活观念都产生了巨大的改变。数字化正在改变企业的运行规律，传统的财务管理模式已经无法通过优化改进来适应数字经济时代企业的发展，数字化转型成为企业适应数字经济环境、赢得市场竞争优势、谋求生存和发展的必要选择。

数字时代的到来使得各行各业发生了颠覆性的变革，许多企业也纷纷树起了数字化变革的旗帜，但是由于一些企业本身在数字技术的发展上就较为落后，再加上企业员工对新事物的改革没有太多的热情，所以导致真正能成为转型领军者的企业寥寥无几。

然而，中国企业如果想要摆脱过去的传统模式，进入新的数字模式，就必须有自己的特色。"电算化"财务管理是我国很多企业在发展信息化过程中的第一步，财务被认为是一个企业在发展过程中的"心脏"，没有任何一家企业在发展过程中会抛弃财务部门。因此，虽然很多新型的数字技术对我国传统企业的转型产生了很深远的影响，但是不管怎么样，财务始终是所有转型过程中的关键与核心所在。企业实施转型既可以说是在数字化方向上的发展，也可以说是以企业财务会计为核心的一个数字化转变。因此，财务管理的第一步是自我革新。

据中国互联网数据中心（Internet Data Center，IDC）推出的《2018差旅与费用管理调研》文件反映，大约有90%接受采访的人认为，对于高科技企业来说，如果能够在财务上有所革新，那么就会帮助企业降低一定的决策成本；60%的被调查者指出，这样做可以促使他们更好地牢记企业合规要求并执行；57%的被调查者反映，对财务部门进行革新可以提高企业的运作效率。显然，实施财务创新与变革已经成为当今时代发展的一大主流，企业首席财务官（Chief Financial Officer，CFO）也开始意识到通过更加精细化的管理，可以为企业节省成本和适应合规合法化的需求。

第二节 关键概念界定

一、数字化转型

目前，数字化转型这个概念已经深入人心了，但到底什么叫数字化转型，不同的人有不同的认知。大家坐在一起讨论数字化转型时，经常发现人们对这个基本概念的理解大相径庭。

有一则古老的印度寓言叫盲人摸象，就是说在看不到大象的全貌时，每个人都只能根据自己的理解和感知去描述大象的外貌。目前，对数字化转型的理解也处于这样的阶段，各大咨询公司、软硬件企业、IT（信息技术）调查公司等都纷纷发表白皮书、专著来表达自己对数字化转型的理解。

本书作者在综合已有的较为科学的认知后认为，数字化转型是以用户为中心、以数字化技术为手段、以价值创造为目的实现转型升级和创新发展的过程。

由上面的定义可以看出，数字化转型的核心是以用户为中心，要能够真正为用户服务、为用户创造价值；数字化转型的驱动力和新动能是数字技术，其他驱动力带来的企业变革不能算是数字化转型；数字化转型的目的是价值创造，要通过数字化技术创造新的价值，要充分激发数据要素创新驱动潜能，实现新的指数级增长；数字化转型的本质是业务创新战略，要打造和提升企业在数字时代的生存和发展能力，培育发展新动能，创造、传递并获取新价值，实现转型升级和创新发展。

二、财务数字化转型

所谓财务数字化转型，即在数字化转型的大背景下，运用数字技术进行企业内部管理变革的一个重要过程。财务数字化是指充分运用大数据、智能化、移动互联网、云计算、物联网和区块链等数字技术实现对企业经营资讯的收集与加工管理的过程，能获取有价值的数据并加以转化和储存，再根据企业内部、外部环境的改变以及业财融合的需要，通过输出数据实现企业价值决策的过程。它包括两方面的含义：一是财务数字化通过对数字技术的运用，实现了数字采集加工效果的增强；二是通过企业财务数字化系统的建立，完成了企业内部信息的收集、转化和储存工作，在企业业财融合的基础上，利用部门之间的协调打通数据孤岛，完成对数据的价值决策和价值实现的整个流程。

财务管理的数字化变革要求企业在财务管理方面利用云计算技术、大数据分析等信息技术来重建财务管理组织、重塑流程结构，提高财务服务质量和财务运作效能，从而更好地赋能服务、支撑经营、辅助管理和支持决策。在路径上，财务共享中心的建立是财务管理数字化变革的重要起点，也是业财融合的重要举措。财务管理向数字化转变的具体途径为：从财务管理共享服务平台向采购、信息、人力、税收等大共享平台过渡，融入现代管理会计工具，以提高大数据分析、计算能力以及算法等相关方面的综合能力，并持续地为企业带来更高质量的大数据服务。

第三节　研究意义

一、理论意义

在国家政策的鼓励下，企业数字化转型成为这些年来的热门讨论对象，也成为很多学者研究的重要领域。目前，学者们对企业数字化转型做了大量研究，其中大部分都是从企业整体层面包括供应链、运营、组织架构等方面的转型等方面着手进行的，以企业财务数字化转型为出发点进行的研究相对较少。要想管理好一个企业，就必须从财务先开始进行改革，因为财务是企业的"心脏"，可以说没有一个企业的运营水平和行业地位不是以财务为中心的。从企业现有的财务管理转型现状来看，国内的绝大多数企业财务管理数字化转型才刚起步，数字化转型过程较缓慢，并且所实施的财务数字化转型趋于表面，未从企业的全局出发。

本书的理论研究意义如下：第一，为当前企业财务管理数字化研究提供理论基础，为企业财务数字化转型提供新的方向。目前，我国在财务数字化转型上的探索还有待加强，尤其是对于细分行业的转型调研更是屈指可数，对于国内学者来说，需要做更多更精细的实践探索去检测理论的适用情况，帮助完善国内在数字化转型领域的理论内容。第二，中国企业在具体实施转型过程中遇到了很多的困难，这些过往的经历对我国想实施数字化转型的企业开展转型工作具有非常好的学习参考意义，也可以比较好地扩充我国对企业转型的理论研究体系。通过调研这些企业财务数字化升级转型改革的实际情况，研究其改革方案及布局步骤，归纳财务数字化升级转型的实践经验，就此梳理企业财务数字化升级转型可能遇到的难题，并给出适当的改善意见，为我国企业进行财务数字化升级转型提出值得借鉴的建议，积极推进我国企业在财务数字化转型上的节奏，有效防止在财务数字化升级转型道路上走错路。

二、现实意义

（一）对传统企业进行财务数字化转型有借鉴意义

企业为顺应数字化转型，需积极转换经营模式，利用运营管理、人员配备、数字化平台等一系列的结构优化升级来适应外部因素的蓬勃发展，用企业数字化原理构建企业多种多样的运营功能的信息化保障，在此模式中建立起企业加工要素的紧密连接，落实企业在销售经营管理体系中各环节的标准化管理，有助于提高企业的运转效率和竞争力，并且在这样的一个过程当中，财务上的调节和财务信息的智能化提供恰恰是企业达到推动要素资源紧密连接和标准化统一管理的关键。站在财务数字化转型的角度对传统企业进行研究，能够更明确地让想转型的传统企业看到转型给企业财务管理带来的一系列积极或消极的影响，为传统企业实施数字化转型提供借鉴意义。

（二）促进我国企业进行更深层次的数字化转型

目前，我国企业财务数字化转型很多都是基于表面的，并未真正完全将职能部门与业务联合起来。本书通过研究企业财务数字化转型，探讨企业进行财务数字化转型的动因，并对它开展财务数字化转型所选择的路径和最后实施的效果进行分析说明，期望能帮助正在实施财务数字化转型的企业思考自身方案存在的问题，对准备开展转型的企业提供一定的借鉴作，丰富企业财务数字化转型的案例材料，促进我国企业进行更深层次的数字化转型。

第二章　企业财务管理概述

　　企业的财务管理工作是企业运营中一项必不可少的基本工作,随着市场环境、企业结构的变化,财务管理工作也在不断转变。本章分为企业财务管理的概念与基础知识、企业财务管理的演化与发展、数字经济背景下企业财务管理未来的可行方向三部分。

第一节　企业财务管理的概念与基础知识

一、企业财务管理的概念

（一）企业财务活动

　　企业财务活动是以现金收支为主的企业资金收支活动的总称,具体表现为企业在资金的筹集、投资及利润分配活动中引起的资金流入及流出。

　　1. 企业筹资引起的财务活动

　　企业从事经营活动,必须有资金。资金的取得是企业生存和发展的前提条件,也是资金流动和资本运作的起点。企业可以通过借款、发行股票等方式筹集资金表现为企业资金的流入。企业偿还借款、支付利息、股利以及付出各种筹资费用等则表现为企业资金的流出。这些因为资金筹集而产生的资金收支,便是由企业筹资引起的财务活动。

　　企业需要多少资金、资金从哪来、以什么方式取得、资金的成本是多少、风险是否可控等一系列问题需要财务人员去解决。财务人员面对这些问题时,一方面要保证筹集的资金能满足企业经营与投资的需要,另一方面要使筹资风险在企业的掌握之中,以免企业以后由于无法偿还债务而陷入破产境地。

2. 企业投资引起的财务活动

企业筹集到资金以后，使用这些资金以获取更多的价值增值，其活动就是投资活动，相应产生的资金收支便是由企业投资引起的财务活动。

投资活动包括对内投资及对外投资。对内投资主要是指使用资金来购买原材料、机器设备、人力、知识产权等资产，自行组织经济活动，获取经济收益。对外投资是指使用资金购买其他企业的股票、债券或采用与其他企业联营等方式获取经济收益。对内投资中，企业用于添置设备、厂房、无形资产等非流动性资产的对内投资，由于回收期较长，又称对内长期投资。对内长期投资通常用来构建企业的生产运营环境，形成企业经营的基础。企业必须利用这些生产运营环境进行日常生产运营，组织生产产品或提供劳务，并最终将这些产品或劳务变现，方能收回投资。日常生产运营活动也是一种对内投资活动，这些投资活动主要形成了应收账款、存货等流动资产，资金回收期较短，故又被称为对内短期投资。

企业有哪些方案可以备选投资、投资的风险是否可接受、有限的资金如何尽可能有效地投放到最大报酬的项目上，这些是财务人员在这类财务活动中要考虑的主要问题。财务人员在面对这些问题时，一方面要注意将有限的资金尽可能加以有效利用以提高投资效益，另一方面要注意投资风险与投资收益之间的权衡。

3. 企业利润分配引起的财务活动

从资金的来源看，企业的资金可分为权益资本和债务资本两种。企业利用这两类资金进行投资运营，实现价值增值。这个价值增值扣除债务资本的报酬即利息之后若还有盈余，就是企业的利润总额。我国相关法律法规规定企业实现的利润应依法缴纳企业所得税，缴纳企业所得税后的利润为税后利润又称为净利润。企业税后利润还要按照法律规定按以下顺序进行分配：一是弥补企业以前年度亏损；二是提取盈余公积；三是提取公益金，用于支付职工福利设施的支出；四是向企业所有者分配利润。这些活动就是利润分配引起的财务活动。

利润分配活动中尤为重要的是向企业所有者分配利润。企业需要制定合理的利润分配政策，相关政策既要考虑所有者近期利益的要求，又要考虑企业的长远发展，留下一定的利润用作扩大再生产。

上述财务活动的三个方面不是相互割裂、互不相关的，而是相互联系、互相依存的。因此，合理组织这些财务活动就构成了财务管理的基本内容，即筹资管理、投资管理及利润分配。由于投资活动中的对内短期投资主要用于企业的日常运营,是企业最为频繁且相当重要的财务活动,因此也有学者将财务管理的基本内容分为筹资管理、投资管理、营运资本管理、利润及其分配的管理四个方面。

(二)企业财务关系

企业在组织财务活动的过程中与其利益相关者之间发生的经济关系就是企业财务关系。在企业发展过程中,离不开各种利益相关者的投入或参与,比如股东、政府、债权人、雇员、消费者、供应商,甚至是社区居民。他们都是企业的资源,对企业生产经营活动能够产生重大影响,企业要照顾到各方利益才能使企业生产经营进入良性循环状态。

1. 企业与投资者之间的财务关系

企业与投资者之间的财务关系主要是指企业的投资者向企业投入资金,以及企业向其投资者支付投资报酬所形成的经济关系。企业与投资者之间的财务关系实质上是一种所有权与经营权的关系。

2. 企业与债权人之间的财务关系

企业除利用所有者投入的资本金进行经营活动外,还会向债权人融入一定数量的资金以补充资本金的不足或降低企业的资本成本。企业债权人是指那些对企业提供需偿还的资金的单位和个人,包括贷款债权人和商业债权人。贷款债权人是指给企业提供贷款的单位或个人,商业债权人是指以出售货物或劳务形式提供短期融资的单位或个人。

企业利用债权人的资金后,对贷款债权人,要按约定还本付息;对商业债权人,要按约定时间支付本金,若约定有利息的,还应按约定支付利息。企业同其债权人之间的关系是一种债务与债权的关系。

3. 企业与受资者之间的财务关系

企业投资除了对内投资以外,还会以购买股票或直接投资的形式向其他企业投出股权资金。企业按约定履行出资义务,不直接参与被投资企业的经营管理,但按出资比例参与被投资企业的利润及剩余财产的分配。被投资企业就是受资者,企业同其受资者之间的财务关系体现的是所有权与经营权的关系。

4. 企业与债务人之间的财务关系

企业在经营过程中,可能会有闲置资金。为了有效利用闲置资金,企业会去购买其他企业的债券或向其他企业提供借款以获取更多的利息收益。另外,在激烈的市场竞争环境下,企业会采用赊销方式促进销售,形成应收账款,这实质上相当于企业借给了购货企业一笔资金。在这两种情况中，借出资金的企业为债权人，接受资金的企业就是债务人。企业将资金借出后，有权要求其债务人按约定的条件支付利息和归还本金。企业同其债务人的关系体现的是债权与债务关系。

5. 企业与国家之间的财务关系

国家作为社会管理者，担负着维护社会正常秩序、保卫国家安全、组织和管理社会活动等任务。国家为企业生产经营活动提供公平竞争的经营环境和公共设施等条件，为此所发生的"社会费用"须由受益企业承担。企业承担这些费用的主要形式是向国家缴纳税金。依法纳税是企业必须承担的经济责任和义务，以确保国家财政收入的实现；国家秉承"取之于民、用之于民"的原则，将所征收的税金用于满足社会各方面的需要。企业与国家之间的关系反映的是依法纳税和依法征税的义务与权利的关系。

6. 企业内部各单位之间的财务关系

企业是一个系统，各部门之间应通力合作，共同为企业创造价值。因此各部门之间的关系是否协调，直接影响着企业的发展和经济效益的提高。企业目前普遍实行内部经济核算制度，划分若干责任中心，进行分级管理。企业为了准确核算各部门的经营业绩，进行合理奖惩，要求各部门间相互提供产品和劳务进行内部结算，由此产生了资金内部的收付活动。企业内部各单位之间的财务关系体现的是在劳动成果上的内部分配关系。

7. 企业与员工之间的财务关系

员工是企业的第一资源，员工又得依靠企业生存，两者相互依存。正确处理好企业与员工之间的关系，对于一个企业的发展来说尤为重要，也是一个企业发展壮大的不竭动力。员工为企业创造价值，企业将员工创造的价值的一部分根据员工的业绩作为报酬（包括工资薪金、各种福利费用）支付给员工。企业与员工之间的财务关系体现的也是在劳动成果上的分配关系。

二、企业财务管理的基础知识

（一）企业财务管理的特点

财务管理是在企业活动的整体目标下，对企业资金投资、筹资及资金流通的一系列管理，同时还参与收益的分配。财务管理具有自身的特点，包括以下几方面。

1. 财务管理内容的复杂性

财务管理涉及企业日常管理的方方面面，是一项综合性工作，涉及内容比较复杂、多样。财务管理是一种货币价值管理，它将企业生产经营活动的过程用货币价值的形式加以体现，并予以管理。因此，财务管理包含的内容同样也是复杂多样的。财务管理的最终目标就是通过一系列管控、协调、统筹，达到企业效益的最大化。

2. 财务管理与企业活动有着紧密的联系

资金对企业来说是至关重要的，因此，一切与资金有关系的活动均离不开财务管理的参与，无论是企业制定大的发展战略，还是企业各部门、各系统日常的运转，都与财务管理有着千丝万缕的联系。企业一系列的活动需要靠财务管理下的资金管控来维持，离开财务管理，企业运行就会混乱，企业效益就会受影响，甚至会导致企业面临破产的风险。

3. 财务管理是企业生产经营的晴雨表

资金是企业生产、经营、发展的命脉，一个企业如果离开资金的支持，必然不可能发展壮大，因此，与资金有密切关系的财务管理就变得至关重要。财务管理会第一时间对企业生产经营状况做出反应，例如，一个企业这个月生产销售状况不好，那么表现在财务管理方面，可能就会出现亏损状态。因此，财务管理能够直接反映企业的运行情况，是企业运转的晴雨表。

（二）企业财务管理的目标

1. 企业财务管理目标的概念

企业财务管理目标是指为了完成企业管理对财务管理提出的要求，在企业理财过程中事先拟定的希望实现的结果。它是在特定的理财环境中，通过组织财务活动、处理财务关系所要达到的根本目的。理财目标是衡量财务管理过程是否有效的最终标准。

企业财务管理目标具有以下特征。

（1）财务管理目标具有相对稳定性

随着宏观经济体制和企业经营方式的变化，随着人们认识的发展和深化，财务管理目标也可能发生变化，但是宏观经济体制和企业经营方式的变化是渐进的，只有发展到一定阶段以后才会产生质变；人们的认识在达到一个新的高度以后，也需要有一个达成共识、为人所普遍接受的过程。因此，财务管理目标作为人们对客观规律性的一种概括，总的来说是相对稳定的。

（2）财务管理目标具有可操作性

财务管理目标是实行财务管理的前提，它要能够起到组织动员的作用。企业要能够根据财务管理目标制定经济指标并进行分解，实现职工的自我控制，进行科学的绩效考评，这样，财务管理目标就必须具有可操作性，具体说来，就是要可以计量、可以追溯、可以控制。

（3）财务管理目标具有层次性

财务管理目标是确保企业财务管理系统能够顺利运行的前提条件，同时它本身也是一个系统。各种各样的理财目标构成了一个网络，这个网络反映着各个目标之间的内在联系。财务管理目标之所以有层次性，是由企业财务管理内容和方法的多样性以及它们相互关系上的层次性决定的。

由于企业所处的宏观经济环境不同、企业管理目标的衡量标准不同、企业管理的价值取向不同，企业财务管理目标也表现出了不同的内容。

2.企业财务管理目标的类型

企业财务管理目标有如下几种类型。

（1）利润最大化

利润最大化就是假定企业财务管理以实现利润最大化为目标。

企业以利润最大化为财务管理目标，其主要原因有三：一是人类从事生产经营活动的目的是创造更多的剩余产品，在市场经济条件下，剩余产品的多少可以用利润这个指标来衡量；二是在自由竞争的资本市场中，资本的使用权最终属于获利最多的企业；三是只有每个企业都最大限度地创造利润，整个社会的财富才可能实现最大化，从而带来社会的进步和发展。

利润最大化目标的主要优点是，企业追求利润最大化，就必须讲求经济核算，加强管理，改进技术，提高劳动生产率，降低产品成本。这些措施都有利于企业资源的合理配置，有利于企业整体经济效益的提高。

但是，以利润最大化为财务管理目标存在以下缺陷。

①没有考虑利润实现时间和资金时间价值。比如，今年10万元的利润和10年以后同等数量的利润其实际价值是不一样的，10年间还会有时间价值的增加，而且这一数值会随着贴现率的不同而有所不同。

②没有考虑风险问题。不同行业具有不同的风险，同等利润值在不同行业中

的意义也不相同。比如，风险比较高的高科技企业和风险相对较小的制造业企业无法进行简单比较。

③没有反映创造的利润与投入资本之间的关系。

④可能导致企业短期财务决策倾向，影响企业的长远发展。由于利润指标通常按年计算，因此，企业决策也往往会服务于年度指标的完成或实现。

（2）股东财富最大化

股东财富最大化是指企业财务管理以实现股东财富最大化为目标。在上市公司中，股东财富是由其所拥有的股票数量和股票市场价格两方面决定的。在股票数量一定时，股票价格达到最高，股东财富也就达到最大。

与利润最大化相比，股东财富最大化的主要优点如下。

①考虑了风险因素，因为通常股价会对风险做出较敏感的反应。

②在一定程度上能避免企业短期行为，因为不仅目前的利润会影响股票价格，未来的利润同样会对股价产生重要影响。

③对上市公司而言，股东财富最大化目标比较容易量化，便于考核和奖惩。

（3）企业价值最大化

企业价值最大化目标是指企业的财务管理以企业价值最大化为目标。

企业价值是指企业全部资产的市场价值，即企业资产所能创造的预计未来现金流量的价值。该目标反映了企业潜在的或预期的获利能力和成长能力。

①企业价值最大化目标的优点。

第一，考虑了资金的时间价值和风险价值。

第二，反映了对企业资产保值增值的要求。

第三，有利于克服管理上的片面性和短期行为。

第四，有利于社会资源的合理配置。

②企业价值最大化目标的不足。

第一，企业价值的计算过于理论化，不易于操作。尽管对于上市公司而言，股票价格的变动在一定程度上揭示了企业价值的变化，但是股价并非为企业所控制，其价格受多种因素影响，产生的波动也并非与企业财务状况的实际变动相一致。

第二，对于非上市公司而言，只有对企业进行专门的评估才能真正确定其价值，而资产估价不易做到客观、准确，也导致企业价值难以确定。

企业价值最大化是目前公认的最佳财务管理目标。

（4）相关者利益最大化

在现代企业是多边契约关系的总和的前提下，要确立科学的财务管理目标，首先就要考虑哪些利益关系会对企业发展产生影响。在市场经济中，企业的理财主体更加细化和多元化。股东作为企业所有者，在企业中承担着最大的权利、义务、风险和报酬，但是债权人、员工、企业经营者、客户、供应商和政府也为企业承担着风险，具体如下。

①随着举债经营的企业越来越多，举债比例和规模也不断扩大，使得债权人的风险大大增加。

②在社会分工细化的今天，由于简单劳动越来越少，复杂劳动越来越多，使得职工的再就业风险不断增加。

③在现代企业制度下，企业经理人受所有者委托，作为代理人管理和经营企业，在激烈的市场竞争和复杂多变的形势下，代理人所承担的责任越来越大，风险也随之加大。

④随着市场竞争和经济全球化的影响，企业与客户以及企业与供应商之间不再是简单的买卖关系，更多情况下是长期的伙伴关系，处于一条供应链上，并共同参与同其他供应链的竞争，因而也与企业共同承担一部分风险。

⑤政府不管是作为出资人，还是作为监管机构，都与企业各方的利益密切相关。

综上所述，企业的利益相关者不仅包括股东，而且还包括债权人、企业经营者、客户、供应商、员工、政府等。因此，在确定企业财务管理目标时，不能忽视这些相关群体的利益。

3. 企业财务管理目标的协调

决定和影响企业财务管理目标的利益集团，包括企业投资者、受益者和承担企业风险者。企业必须协调这三个方面的利益，才能实现"股东财富最大化"目标。企业财务活动所涉及的不同利益主体之间的矛盾如何协调，是实现企业财务管理目标过程中必须解决的问题。

（1）所有者与经营者的矛盾与协调

"股东财富最大化"符合所有者的利益，但不一定符合经营者的利益。经营者往往希望企业能够给他们增加报酬，包括物质和非物质的报酬，如工资、资金、名誉和社会地位等；希望增加闲暇时间，包括较少的工作时间和较小的劳动强度等。经营者所得到的利益正是股东所失去的，所以经营者与股东的目标并不一致，经营者有可能为了自身的利益而背离股东的目标。这种背离主要表现在以下两个方面。

①道德风险。道德风险是指交易双方在交易协定签订后，其中一方利用多于另一方的信息，有目的地损害另一方的利益而增加自己利益的行为。经营者为了自身利益，在最大限度地增进自身效用的同时可能会做出不利于股东的行为。

②逆向选择。逆向选择原意是指"在买卖双方信息不对称的情况下，差的商品必将把好的商品驱逐出市场"。在这里是指经营者的行为违背股东的意愿。比如，明明有价廉物美的材料，却选择了质次价高的材料。

为了协调所有者与经营者的矛盾，防止经营者背离股东目标，一般有以下两种方法。

①监督。经营者背离股东目标的条件是信息不对称。经营者掌握企业实际的经营控制权，对企业内部信息的掌握远多于股东。为了协调这种矛盾，股东除了要求经营者定期公布财务报表外，还应尽量获取更多信息，对经营者进行必要的监督，但监督只能尽量减少经营者违背股东意愿的行为，因为股东是分散的，无法得到充分的信息，全面监督实际是做不到的，同时也会受监督成本的制约。

②激励。激励就是将经理的管理绩效与其所得的报酬联系起来，使其分享企业增加的财富，鼓励他们自觉采取符合股东目标的行为。

通常情况下，股东要权衡轻重，力求找出能使监督成本、激励成本和经理背离股东目标的损失之和最小的解决办法。

（2）所有者与债权人的矛盾与协调

当企业向债权人借入资金后，两者之间也形成了一种委托代理关系。所有者的财务目标与债权人期望实现的目标不完全一致。首先，所有者可能未经债权人同意，要求经营者投资比债权人预计风险更高的项目，这会使偿债风险加大。若高风险的项目成功，额外利润就会被所有者独享；但若失败，债权人却要与所有者共同承担由此造成的损失。这对债权人来说，风险与收益是不对称的。其次，所有者可能在未征得原债权人同意的情况下，增加新的债务，这将使原债权人如期收回本金和利息的风险加大，损害原债权人的利益。

（3）所有者与社会公众的矛盾与协调

企业总是存在于一定的社会关系中，除了前面讲述的所有者与经营者、所有者与债权人之间的财务关系外，企业必然会与其他利益相关者（如职工、供应商、客户、政府、周边社区、竞争对手等）发生各种各样的联系，并可能产生各种利益冲突，即企业是否需要承担社会责任，以及如何承担社会责任的问题。企业的股东财富最大化目标与企业所要承担的社会责任有一致的一面，如为使股东财富最大化，企业必须生产出更多符合社会需要的产品或提供更高质量的服务，这会使消费者（客户）从中受益，也有利于供应商扩大原材料销量，可以促进企业提升职工技能和福利待遇，政府也可以减轻就业压力、增加税收，企业也可以有更多的资金治理污染、改善社区环境等。社会责任与企业的股东财富最大化目标又存在不一致的一面，如企业为了获利，生产假冒伪劣产品、欺瞒消费者，不顾职工的健康增加劳动强度、忽视劳动环境，为了节省成本污染周边环境、偷税漏税、骗取供应商的资金等。当企业存在这些行为时，社会利益将因此受到损害。

为了解决企业与社会公众之间的矛盾，政府制定颁布了一系列的法律法规，如《中华人民共和国合同法》（简称《合同法》）、《中华人民共和国消费者权益保护法》（简称《消费者权益保护法》）、《中华人民共和国公司法》（简称《公司法》）、《中华人民共和国劳动法》（简称《劳动法》）、《中华人民共和国环境保护法》（简称《环境保护法》）、《中华人民共和国反不正当竞争法》（简称《反不正当竞争法》）、《中华人民共和国企业所得税法》（简称《企业所得税法》）等，以此来调节企业与社会公众的利益冲突。然而，法律法规具有滞后性，也不可能解决所有的问题，特别是在法律不健全的情况下，企业可能披着合法的外衣从事非法的勾当。因此，还需要建立一套完善的社会舆论监督机制，以伦理道德来规范企业的行为，进一步协调企业与社会公众之间的关系，以创造一种企业与社会"双赢"的局面。

（三）企业财务管理的原则

财务管理的原则是指企业在进行财务管理工作的过程中必须遵循的准则。它是从企业理财实践中抽象出来的并在实践中证明是正确的行为规范，它反映着理财活动的内在要求。企业财务管理的原则一般包括如下内容。

1. 货币时间价值原则

货币时间价值是客观存在的经济范畴，它是指货币在经历一段时间的投资和再投资后所增加的价值。从经济学的角度看，即使在没有风险和通货膨胀的情况下，一定数量的货币资金在不同时点上也具有不同的价值。因此，在数量上货币的时间价值相当于没有风险和通货膨胀条件下的社会平均资本利润率。货币时间价值原则在财务管理实践中得到广泛的运用。长期投资决策中的净现值法、现值指数法和内含报酬率法,都要运用到货币时间价值原则。筹资决策中比较各种筹资方案的资本成本、分配决策中利润分配方案的制定和股利政策的选择,营业周期管理中应付账款付款期的管理、存货周转期的管理、应收账款周转期的管理等,都充分体现了货币时间价值原则在财务管理中的具体运用。

2. 资金合理配置原则

拥有一定数量的资金,是企业进行生产经营活动的必要条件,但任何企业的资金总是有限的。资金合理配置是指企业在组织和使用资金的过程中,应当使各种资金保持合理的结构和比例关系,保证企业生产经营活动的正常进行,使资金得到充分有效的运用,并从整体上(不一定是每一个局部)取得最大的经济效益。

在企业的财务管理活动中,资金的配置从筹资的角度看表现为资本结构,具体表现为负债资金和所有者权益资金的构成比例、长期负债和流动负债的构成比例,以及内部各具体项目的构成比例。企业不但要从数量上筹集保证其正常生产经营所需的资金,而且必须使这些资金保持合理的结构比例关系。从投资或资金的使用角度看,企业的资金表现为各种形态的资产,各形态资产之间应当保持合理的结构比例关系,包括对内投资和对外投资的构成比例。对内投资中,涉及流动资产投资和固定资产投资的构成比例、有形资产和无形资产的构成比例、货币资产和非货币资产的构成比例等;对外投资中,涉及债权投资和股权投资的构成比例、长期投资和短期投资的构成比例等。上述这些资金构成比例的确定,都应遵循资金合理配置原则。

3. 成本—效益原则

成本—效益原则就是要对企业生产经营活动中的所费与所得进行分析比较,将花费的成本与所取得的效益进行对比,使效益大于成本,产生"净增效益"。成本—效益原则贯穿于企业的全部财务活动中。企业在筹资决策中,应将所发生的资本成本与所取得的投资利润率进行比较;在投资决策中,应将与投资项目相关的现金流出与现金流入进行比较;在生产经营活动中,应将所发生的生产经营成本与其所取得的经营收入进行比较;在不同备选方案之间进行选择时,应将所放弃的备选方案预期产生的潜在收益视为所采纳方案的机会成本与所取得的收益进行比较。在具体运用成本—效益原则时,应避免"沉没成本"对我们决策的干扰,"沉没成本"是指已经发生、不会被以后的决策改变的成本。因此,我们在做各种财务决策时,应将其排除在外。

4. 风险—报酬均衡原则

在市场经济的激烈竞争中不可避免地要遇到风险。企业要想获得收益，就不能回避风险。风险—报酬均衡原则是指决策者在进行财务决策时，必须对风险和报酬做出科学的权衡，使所冒的风险与所取得的报酬相匹配，达到趋利避害的目的。在筹资决策中，负债资本成本低，财务风险大；权益资本成本高，财务风险小。企业在确定资本结构时，应在资本成本与财务风险之间进行权衡。任何投资项目都有一定的风险，在进行投资决策时必须认真分析影响投资决策的各种可能因素，科学地进行投资项目的可行性分析，在考虑投资报酬的同时考虑投资的风险。在具体进行风险与报酬的权衡时，由于不同的财务决策者对风险的态度不同，有的人偏好高风险、高报酬，有的人偏好低风险、低报酬，但每一个人都会要求风险和报酬相对等，不会去冒没有价值的无谓风险。

5. 收支积极平衡原则

财务管理实际上就是指对企业资金的管理，量入为出、收支平衡是对企业财务管理工作的基本要求。资金不足会影响企业的正常生产经营，使企业坐失良机，严重时，会影响企业的生存；资金多余会造成闲置和浪费，给企业带来不必要的损失。收支积极平衡原则要求企业一方面要积极增加收入，确保生产经营和对内、对外投资对资金的正常合理需要；另一方面，要节约成本费用，压缩不合理开支，避免盲目决策。保持企业一定时期资金总供给和总需求动态平衡和每一时间点资金供需的静态平衡。要做到企业资金收支平衡，就要采取一系列措施。在企业内部，要增收节支，缩短生产经营周期，生产适销对路的优质产品，扩大销售收入，合理调度资金，提高资金利用率；在企业外部，要保持同资本市场的密切联系，加强企业的筹资能力。

6. 利益关系协调原则

企业是由各种利益集团组成的经济联合体。这些经济利益集团主要包括企业的所有者、经营者、债权人、债务人、国家税务机关、消费者、企业内部各部门和职工等。利益关系协调原则要求企业协调、处理好与各利益集团的关系，切实维护各方的合法权益，将按劳分配、按资分配、按知识和技能分配、按绩分配等多种分配要素有机结合起来。只有这样，企业才能营造一个内外和谐、协调的发展环境，充分调动各有关利益集团的积极性，最终实现企业价值最大化的财务管理目标。

（四）企业财务管理的环节

财务管理环节是企业财务管理的基本工作步骤与一般工作程序。一般而言，企业财务管理包括以下几个环节。

1. 预测、计划与预算

（1）财务预测

财务预测是指根据企业财务活动的历史资料，考虑现实的要求和条件，对企业未来的财务活动做出较为具体的预计和测算的过程。财务预测可以测算各项生产经营方案的经济效益，为决策提供可靠的依据；可以预测财务收支的发展变化情况，以确定经营目标；可以测算各项定额和标准，为编制计划、分解计划指标服务。

财务预测的方法主要有定性预测和定量预测两类。定性预测法主要是指利用直观材料，依靠个人的主观判断和综合分析能力，对事物未来的状况和趋势做出预测的一种方法；定量预测法主要是指根据变量之间存在的数量关系建立数学模型来进行预测的方法。

（2）财务计划

财务计划是指根据企业整体战略目标和规划，结合财务预测的结果，对财务活动进行规划，并以指标形式落实到每一计划期间的过程。财务计划主要通过指标和表格，以货币形式反映在一定的计划期内企业生产经营活动所需要的资金及其来源、财务收入和支出、财务成果及其分配的情况。确定财务计划指标的方法一般有平衡法、因素法、比例法和定额法等。

（3）财务预算

财务预算是根据财务战略、财务计划和各种预测信息，确定预算期内各种预算指标的过程。它是财务战略的具体化，是财务计划的分解和落实。

财务预算的方法通常包括固定预算与弹性预算、增量预算与零基预算、定期预算和滚动预算等。

2. 决策与控制

（1）财务决策

财务决策是指按照财务战略目标的总体要求，利用专门的方法对各种备选方案进行比较和分析，从中选出最佳方案的过程。财务决策是财务管理的核心，决策的成功与否直接关系到企业的兴衰成败。

财务决策的方法主要有两类：一类是经验判断法，是根据决策者的经验来判断选择，常用的方法有淘汰法、排队法、归类法等；另一类是定量分析方法，常用的方法有优选对比法、数学微分法、线性规划法、概率决策法等。

（2）财务控制

财务控制是指利用有关信息和特定手段，对企业的财务活动施加影响或调节，以便实现计划所规定的财务目标的过程。

财务控制的方法通常有前馈控制、过程控制、反馈控制几种。

3. 分析与考核

（1）财务分析

财务分析是指根据企业财务报表等信息资料，采用专门的方法系统分析和评价企业的财务状况、经营成果以及未来趋势的过程。财务分析的方法通常有比较分析、比率分析、综合分析等。

（2）财务考核

财务考核是指将报告期实际完成数与规定的考核指标进行对比，确定有关责任单位和个人完成任务的过程。财务考核与奖惩紧密联系，是贯彻责任制原则的要求，也是构建激励与约束机制的关键环节。

（五）企业财务管理的体制

企业财务管理体制是明确企业各财务层级的财务权限、责任和利益的制度，其核心问题是如何配置财务管理权限。企业财务管理体制决定着企业财务管理的运行机制和实施模式。

1. 企业财务管理体制的一般模式

企业财务管理体制概括地说，可分为以下三种类型。

（1）集权型财务管理体制

集权型财务管理体制是指企业对各所属单位的所有财务管理决策都进行集中统一管理，各所属单位没有财务决策权，企业总部财务部门不仅参与制定决策，在特定情况下还直接参与各所属单位的决策执行过程。

集权型财务管理体制下企业内部的主要管理权限集中于企业总部，各所属单位执行企业总部的各项指令。它的优点在于：企业内部的各项决策均由企业总部制定和部署，企业内部可充分展现其一体化管理的优势，利用企业的人才、智力、信息资源，努力降低资金成本和风险损失，使决策的统一化、制度化得到有力的保障。采用集权型财务管理体制，有利于在整个企业内部优化资源配置，有利于实行内部调拨价格，有利于内部采取避税措施及防范汇率风险等。它的缺点在于：集权过度会使各所属单位缺乏主动性、积极性，丧失活力，也可能因为决策程序相对复杂而失去适应市场的弹性，丧失市场机会。

（2）分权型财务管理体制

分权型财务管理体制是指企业将财务决策权与管理权完全下放到各所属单位，各所属单位只需对一些决策结果报请企业总部备案即可。

分权型财务管理体制下企业内部的管理权限分散于各所属单位，因此各所属单位在人、财、物、供、产、销等方面都有决定权。它的优点是，由于各所属单位负责人有权对影响经营成果的因素进行控制，加之他们身在基层，了解情况，有利于针对本单位存在的问题及时做出有效决策，因地制宜地搞好各项业务，也有利于分散经营风险，促进所属单位管理人员和财务人员的成长。它的缺点是，各所属单位大都从本位利益出发安排财务活动，缺乏全局观念和整体意识，从而可能导致资金管理分散、资金成本增大、费用失控、利润分配无序等问题。

（3）集权与分权相结合型财务管理体制

集权与分权相结合型财务管理体制的实质就是集权下的分权，企业对各所属单位在所有重大问题的决策与处理上实行高度集权，各所属单位则对日常经营活动具有较大的自主权。

集权与分权相结合型财务管理体制意在以企业发展战略和经营目标为核心，将企业内重大决策权集中于企业总部，而赋予各所属单位自主经营权。其主要特点如下。

第一，在制度上，企业内应制定统一的内部管理制度，明确财务权限及收益分配方法，各所属单位应遵照执行，并根据自身的特点加以补充。

第二，在管理上，利用企业的各项优势，对部分权限集中管理。

第三，在经营上，充分调动各所属单位的生产经营积极性。各所属单位围绕企业发展战略和经营目标，在遵守企业统一制度的前提下，可自主制定生产经营的各项决策。为避免配合失误，明确责任，凡需要由企业总部决定的事项，在规定时间内，企业总部应明确答复，否则，各所属单位有权自行处置。

正因为具有以上特点，因此集权与分权相结合型的财务管理体制吸收了集权型和分权型财务管理体制各自的优点，同时避免了二者各自的缺点，具有较大的优越性。

2. 集权与分权的选择

企业的财务特征决定了分权的必然性，而企业的规模效益、风险防范又要求集权。集权和分权各有特点，各有利弊。对集权与分权的选择、分权程度的把握历来是企业管理的一个难点。

从聚合资源优势、贯彻实施企业发展战略和经营目标的角度来看，集权型财务管理体制显然是最具保障力的，但是企业意欲采用集权型财务管理体制，除了企业管理高层必须具备较高的素质能力外，在企业内部还必须有一个能及时、准确地传递信息的网络系统，并通过对信息传递过程的严格控制以保障信息的质量。如果这些要求能够满足的话，集权型财务管理体制的优势便有了充分发挥的可能性。与此同时，信息传递及过程控制有关的成本问题也会随之产生。此外，随着集权程度的提高，集权型财务管理体制的复合优势可能会不断强化，但各所属单位或组织机构的积极性、创造性与应变能力却可能在不断削弱。

分权型财务管理体制实质上是把决策管理权在不同程度上下放到比较接近信息源的各所属单位或组织机构，这样便可以在相当程度上缩短信息传递的时间，减小信息传递过程中的控制问题，从而使信息传递与过程控制等的相关成本得以节约，并能大大提高信息的决策价值与利用效率，但随着权力的分散，就会产生企业管理目标换位问题，这是采用分权型财务管理体制通常无法完全避免的一种成本或代价。

集权型或分权型财务管理体制的选择本质上体现着企业的管理决策，是企业基于环境约束与发展战略考虑顺势而定的权变性策略。

依托环境预期与战略发展规划，要求企业总部必须根据企业的不同类型、发展的不同阶段以及不同阶段的战略目标取向等因素，对不同财务管理体制及其权力的层次结构做出相应的选择与安排。

财务决策权的集中与分散没有固定的模式，同时选择的模式也不是一成不变的。财务管理体制的集权与分权，需要考虑企业与各所属单位之间的资本关系和业务关系的具体特征，以及集权与分权的"成本"和"利益"。作为实体的企业，各所属单位之间往往具有某种业务上的联系，特别是那些实施纵向一体化战略的企业，要求各所属单位保持密切的业务联系。各所属单位之间业务联系越密切，就越有必要采用相对集中的财务管理体制。如果说各所属单位之间业务联系的必要程度是企业有无必要实施相对集中的财务管理体制的一个基本因素，那么，企业与各所属单位之间的资本关系特征则是企业能否采取相对集中的财务管理体制的一个基本条件。只有当企业掌握了各所属单位一定比例有表决权的股份

（如50%以上）之后，企业才有可能指派较多的董事去有效地影响各所属单位的财务决策，也只有这样，各所属单位的财务决策才有可能相对"集中"于企业总部。

事实上，考虑财务管理体制的集中与分散，除了受制于以上两点外，还取决于集中与分散的"成本"和"利益"差异。集中的"成本"主要是指各所属单位积极性的损失和财务决策效率的下降，分散的"成本"主要是指可能发生的各所属单位的财务决策目标及财务行为与企业整体财务目标的背离以及财务资源利用效率的下降。集中的"利益"主要是指容易使企业财务目标协调和提高财务资源的利用效率，分散的"利益"主要是指提高财务决策效率和调动各所属单位的积极性。

此外，集权和分权应该考虑的因素还包括环境、规模和管理者的管理水平。由管理者的素质、管理方法和管理手段等因素所决定的企业及各所属单位的管理水平，对财权的集中和分散也具有重要影响。较高的管理水平，有助于企业更多地集中财权，否则，财权过于集中只会导致决策效率的降低。

3. 企业财务管理的环境

财务管理环境又称理财环境，是对影响企业财务活动和财务管理的企业内外部各种条件的统称。明确理财环境，有助于企业正确制定理财策略。

（1）财务管理的外部环境

财务管理的外部环境是企业财务决策难以改变的，企业财务决策更多的是适应外部环境的要求和变化。财务管理环境涉及的范围很广，在此主要介绍经济环境、法律环境和金融环境三种。

①经济环境。

影响财务管理的经济环境的内容十分广泛，主要包括经济体制、经济周期、经济发展水平、宏观经济政策和通货膨胀等。

第一，经济体制。不同经济体制下，企业财务管理有显著区别。经济体制是制约企业财务管理的重要环境因素之一。在计划经济体制下，财务管理活动的内容比较单一，财务管理方法比较简单。在市场经济体制下，企业成为"自主经营、自负盈亏"的经济实体，有独立的经营权和理财权，能够保证企业财务活动自始至终根据自身条件和外部环境做出各种财务管理决策并组织实施。

第二，经济周期。经济周期是指总体经济活动的扩张和收缩交替反复出现的过程，也称经济波动。每一个经济周期都可以分为上升和下降两个阶段，呈现由上升到下降，由峰顶到谷底的循环交替。上升阶段也称为繁荣阶段，最高点称为峰顶。峰顶也是经济由盛转衰的转折点，此后经济就进入下降阶段，即衰退阶段。如果衰退严重则经济进入萧条，衰退的最低点称为谷底。当然，谷底也是经济由衰转盛的一个转折点，此后经济进入上升阶段。经济从一个波峰到另一个波峰，或者从一个波谷到另一个波谷就是一次完整的经济周期。

市场经济条件下，经济发展与运行带有一定的波动性，大体上经历复苏、繁荣、衰退和萧条几个阶段的循环，这种循环称为经济周期。

对于企业来说，对经济运行周期简单的识别与评判是评价经济发展现状、预测经济发展趋势的重要前提，也是企业正确规划财务发展战略、选择发展趋势的基本前提。

第三，经济发展水平。财务管理水平是和经济发展水平密切相关的，经济发展水平越高，财务管理水平也越高。财务管理水平的提高，也有利于经济发展水平的进一步提高。近年来，我国的国民经济保持高速增长，各项建设方兴未艾。这不仅给企业带来了机遇，同时也给企业财务管理带来了严峻的挑战。因此，企业财务管理工作者必须积极探索与经济发展水平相适应的财务管理模式。

第四，宏观经济政策。经济政策是国家进行宏观经济调控的重要手段，包括产业政策、金融政策、财税政策和价格政策等。不同的宏观经济政策，对企业财务管理的影响不同。金融政策中的货币发行量和信贷规模会影响企业投资的资金来源和投资的预期收益；财税政策会影响企业的资金结构和投资项目的选择等；价格政策会影响资金的投向和投资的回收期及预期收益；会计制度的改革会影响会计要素的确认和计量，进而对企业财务活动的事前预测、决策及事后的评价产生影响等。可见，经济政策对企业财务管理的影响非常大。这就要求企业财务人员必须充分掌握经济政策，更好地为企业的经营活动服务。

第五，通货膨胀。通货膨胀对企业财务活动的影响是多方面的，企业应当采取措施进行防范。在通货膨胀初期，货币面临贬值的风险，这时企业进行投资可以避免风险，实现资本保值；与客户应签订长期购货合同，以减少物价上涨所造成的损失；取得长期负债，保持资本成本的稳定。在通货膨胀持续期，企业可以采用比较严格的信用条件，减少企业债权；调整财务政策，防止和减少企业资本流失等。

②法律环境。

财务管理的法律环境是指企业和外部发生经济关系时所应遵守的各种法律、法规和规章。市场经济是一种法治经济，企业的一切经济活动总是在一定的法律法规范围内进行的。一方面，法律规定了企业从事一切经济业务所必须遵守的规范，从而对企业的经济行为进行约束；另一方面，法律为企业合法从事各项经济活动提供了保护。企业财务管理中应遵循的法律法规主要包括以下内容。

第一，企业组织法。企业是市场经济的主体，不同组织形式的企业所适用的法律不同。按照国际惯例，企业可划分为独资企业、合伙企业和公司制企业，各国均有相应的法律来规范这三类企业的行为。因此，不同组织形式的企业在进行财务管理时，必须熟悉其企业组织形式对财务管理的影响，从而做出相应的财务决策。

第二，税收法规。税法是税收法律制度的总称，是调整税收征纳关系的法律规范。与企业相关的税种主要有以下五种。

所得税类，包括企业所得税、个人所得税。

流转税类，包括增值税、消费税、营业税。

资源税类，包括资源税、土地使用税、土地增值税。

财产税类，包括财产税、房产税、城市房地产税、车船使用税。

行为税类，包括印花税、屠宰税。

第三，财务法规。企业财务法规制度是规范企业财务活动、协调企业财务关系的法令文件。我国目前企业财务管理法规制度有《企业财务通则》、行业财务制度和企业内部财务制度等三个层次。

第四，其他法规。其他法规包括《中华人民共和国证券法》《中华人民共和国票据法》《中华人民共和国银行法》等。

从整体上说，法律环境对企业财务管理的影响和制约主要表现在以下方面。在筹资活动中，国家通过法律规定了筹资的最低规模和结构，如《公司法》规定股份有限公司的注册资本的最低限额为人民币1000万元；规定了筹资的前提条件和基本程序，如《公司法》就对公司发行债券和股票的条件做出了严格的规定。在投资活动中，国家通过法律规定了投资的方式和条件，如《公司法》规定股份公司的发起人可以用货币资金出资，也可以用实物、工业产权、非专利技术、土地使用权作价出资；规定了投资的基本程序、投资方向和投资者的出资期限及违约责任，如企业进行证券投资必须按照《证券法》所规定的程序来进行，企业投资必须符合国家的产业政策，符合公平竞争的原则。在分配活动中，国家通过法律如《公司法》《企业财务通则》等规定了企业成本开支的范围和标准，企业应缴纳的税种及计算方法，利润分配的前提条件、利润分配的去向、一般程序及重大比例。在生产经营活动中，国家规定的各项法律也会引起财务安排的变动或者说在财务活动中必须予以考虑。

③金融环境。

企业总是需要资金从事投资和经营活动。而资金，除了企业的自有资金外，主要从金融机构和金融市场获得。金融政策的变化必然影响企业的筹资、投资和资金营运活动，所以，金融环境是企业最为主要的环境因素之一。影响财务管理的主要金融环境因素有金融机构、金融工具、金融市场和利率。

第一，金融机构。金融机构包括银行和非银行金融机构。银行是指经营存款、放款、汇兑、储蓄等金融业务，承担信用中介的金融机构。银行的主要职能是充当社会中介，充当企业之间的支付中介，提供信用工具，充当投资手段和充当国民经济的宏观调控手段。在我国，银行主要包括各种商业银行和政策性银行。商业银行包括国有商业银行（如中国工商银行、中国农业银行、中国银行和中国建设银行）和其他商业银行（如交通银行、广东发展银行、招商银行、光大银行等）；政策性银行主要包括国家开发银行、中国进出口银行、中国农业发展银行等。

非银行金融机构包括金融资产管理公司、信托投资公司、财务公司和金融租赁公司等。

第二，金融工具。金融工具是指融通资金双方在金融市场上进行资金交易、转让的工具，借助金融工具，资金从供给方转移到需求方。金融工具分为基本金融工具和衍生金融工具两大类。常见的基本金融工具有货币、票据、债券、期货等；衍生金融工具又称派生金融工具，是在基本金融工具的基础上通过特定技术设计形成的新的融资工具，如各种远期合约、互换、掉期资产支持证券等，种类非常复杂、繁多，具有高风险、高杠杆效应的特点。

第三，金融市场。金融市场是指融通资金的双方通过一定的金融工具进行交易而使资金融通的场所。

a. 金融市场的分类。

按交易期限，分为短期资金市场和长期资金市场。短期资金市场也称货币市场，是指期限不超过一年的资金交易市场。长期资金市场也称资本市场，是指期限在一年以上的股票和债券交易市场。

按交割的时间，分为现货市场和期货市场。现货市场是指买卖双方成交后，当场或几天之内买方付款、卖方交出证券的交易市场。期货市场是买卖双方成交后，在双方约定的未来某一特定的时日才交割的交易市场。

按交易的方式和次数，分为初级市场和次级市场。初级市场也称发行市场或一级市场，是指从事新金融工具买卖的转让市场。次级市场也称流通市场或二级市场，是指从事旧金融工具买卖的转让市场。

按金融工具的属性，分为基础性金融市场和金融衍生品市场。

b. 金融市场的组成要素。金融市场的组成要素主要有市场主体、金融工具、交易价格、组织方式等。

第四，利率。利率也称利息率，是利息占本金的百分比指标。从资金的借贷关系看，利率是一定时期内运用资金资源的交易价格。资金作为一种特殊商品，以利率为价格标准的融通，实质上是资源通过利率实行的再分配。因此，利率在资金分配和企业财务决策中起着重要的作用。

a. 利率的类型。

按利率之间的变动关系，分为基准利率和套算利率。基准利率是指在整个利率体系中起主导作用的基础利率。它的水平和变化决定着其他利率的水平和变化。基准利率是利率市场化机制形成的核心。我国以中国人民银行对各专业银行的贷款利率为基准利率。套算利率是各金融机构根据基准利率和借贷款项的特点而换算出的利率。

按利率与市场资金供求情况的关系，分为固定利率和浮动利率。固定利率是指在借贷期内不做调整的利率。浮动利率是在借贷期内可定期调整的利率。

按利率形成机制，分为市场利率和法定利率。市场利率是指根据资金市场的供求关系随着市场而自由变动的利率。法定利率是指由政府金融管理部门或中央银行确定的利率。

b. 利率的计算公式。利率＝纯利率＋通货膨胀补偿率＋风险报酬率。

纯利率是指无通货膨胀、无风险情况下的平均利率。通常，在没有通货膨胀时，国库券的利率可以视为纯利率。纯利率的高低受平均利润率、资金供求关系和国家调节的影响。

通货膨胀补偿率是指由于持续的通货膨胀会不断降低货币的实际购买力，为补偿其购买力损失而要求提高的利率。

风险报酬率是指投资者要求的除纯利率和通货膨胀之外的风险补偿，包括违约风险报酬率、流动性风险报酬率和期限风险报酬率三种。

（2）财务管理的内部环境

①基本因素。

基本因素是指现代企业的法人治理结构、经营战略、经营目标与经营决策、长远规划等。

②组织结构。

现代企业的组织结构是按照一定目的和程序组成的一种权责结构。现代企业能否有效地运行，很大程度上取决于该企业的组织结构是否合理。现代企业内外部环境的变化要求企业对组织结构设置也要进行相应的调整，以适应环境变化。

③企业文化。

企业文化是指企业职工在长期生产经营和管理活动中创造出来的文化形态。这种文化建立起来后，会成为塑造内部员工行为和关系的规范，是企业内部所有人共同遵循的价值观，对维系企业成员的统一性和凝聚力有着很大的作用。

④技术环境。

财务管理的技术环境是指财务管理得以实现的技术手段和技术条件，它决定着财务管理的效率和效果。

技术对企业经营的影响是多方面的，企业的技术进步将使社会对企业的产品或服务的需求发生变化，从而给企业提供有利的发展机会。然而，对于企业经营战略设计的另一个重要问题是，一项新技术的发明或应用可能又同时意味着"破坏"。因为一种新技术的发明和应用会带动一批新行业的兴起，从而损害甚至破坏另外一些行业。例如，静电印刷的发展，使得复印行业得到发展，从而使复写纸行业变得衰落。在信息化的大潮下，各大财务机构纷纷加快研发和推出财务机器人。目前，财务机器人能够高效、准确地开展会计核算工作，对基础会计人员岗位需求造成了冲击，但它不能满足企业财务预测、分析、决策需求等拓展需求。

未来在高校教育和继续教育上应更加注重培养会计人员的企业财务预测、分析、决策能力。财务人员接纳并利用财务机器人提高财务工作效率，努力提高自身素质，向管理型、复合型人才发展，是大势所趋。

⑤财务管理体制。

财务管理体制是企事业单位财务管理内部环境的主导因素。财务管理体制的核心在于财务控制权的集中与下放，形成集权式财务管理体制和分权式财务管理体制。

⑥企业内部财务管理制度。

企业内部财务管理制度是企业财务管理工作的内部法规，是依据《企业财务通则》和国家分行业财务制度，结合企业自身特点和管理要求制定的。

第二节 企业财务管理的演化与发展

一、企业财务管理的演化过程

企业财务管理是伴随着经济社会的变迁而发展起来的,在过去很漫长的一段岁月里,都只停留在基础的记账、算账、报账活动中。经过社会的变迁,资本主义开始萌芽,形成了新的经济形势,相对应的管理手段也发展起来了。根据资料记载,企业财务管理大约在15世纪末16世纪初萌芽并慢慢发展起来。当时正处于资本主义萌芽时期,地中海沿岸慢慢地出现了一些商业组织,并且在一段时间内发展成许许多多的大小不一的商业组织,管理者既有商人、平民,也有王公、大臣等,他们的投资热情非常高。在这段比较长的时期里,商业组织整体对外投资和扩张的规模有限,需要的资本很少,基本上都是投资者本人的投入和商业组织的积累,整体的筹资渠道较窄,筹资方式单一。筹集资本主要是为商业组织的经营提供服务,没有形成独立的财务管理职能。直到19世纪末20世纪初,工业革命出现后,这种单一的筹资方式和筹资渠道才发生根本的变化,对资本的需要大量增加,进入了以筹资为主要职能的财务管理活动。

(一) 筹资财务管理时期

19世纪末20世纪初,第二次工业革命的成功使人类迈进了电气时代,并且在信息方面、资讯方面也得到了很大的突破,原来简单落后的传统生产经营模式已经不适应新时期的需要。企业为了获取更多的经济利益,不断地引入新的生产经营模式,不断地吸收新的商业组织,这个时期,股东数量比较多的股份制公司得到了实质性的突破,很快成为占主导地位的商业组织。股份制公司的大量出现和发展需要数额庞大的资金,依靠原先单一狭窄的筹资渠道、筹资方式已经满足不了股份制公司的需求。因此,怎样筹集到数额庞大的资金,已经成为大多数股份制公司关注的焦点。许多股份制公司纷纷成立财务管理部门,专门负责筹集企业所需要的资本;当时企业财务管理的职能主要是预测资金需要量和筹措资金,筹资是这个时期企业财务管理的主要任务。因此,这个时期称为筹资财务管理时期。

（二）法规财务管理时期

享受着第二次工业革命带来的成果，股份制公司得到了飞跃式的发展，在几十年的发展过程中，有些公司为了掩饰公司惨淡的经营业绩或者糟糕的财务状况，采用非法的手段粉饰财务报表，欺骗投资者、债权人等。慢慢地，这种粉饰财务报表、提供虚假信息的公司越来越多，危害了广大投资者的利益。

直到1929年爆发了全球性经济危机，使得整个20世纪30年代的西方经济都不景气，造成非常多的企业亏损、破产，广大投资者也血本无归、损失惨重。为了保护广大投资者的合法权益，西方各国政府加强了证券市场的法制管理，先后出台了相应的法律法规来规范市场管理，如美国1933年和1934年出台了《联邦证券法》和《证券交易法》，对公司证券融资做出了非常严格的法律规定。这个时期企业财务管理的重点是建设法律法规及企业内部管理体制，主要成果有：美国学者洛弗（W. H. Lough）的《企业财务》首先提出了企业财务除筹措资本外，还要对资本周转进行有效的管理；英国学者罗斯（T. G. Rose）的《企业内部财务论》特别强调企业内部财务管理的重要性，认为资本的有效运用是财务研究的重心。20世纪30年代后，财务管理的重点开始从扩张性的外部融资向防御性的内部资金控制转移，各种财务目标和预算的确定、债务重组、资产评估、保持偿债能力等问题开始成为这一时期财务管理研究的重要内容。

（三）资产财务管理时期

随着经济环境的变化，市场竞争越来越激烈，进入20世纪50年代，这种激烈的市场竞争和买方市场的趋势越来越明显。企业管理层普遍认识到，单纯靠扩大融资规模、增加产品产量已无法适应新的形势发展需要，财务管理的主要任务应是解决资金利用的效率问题，企业内部的财务决策上升为最重要的问题，资金的时间价值引起企业管理层的普遍关注，以固定资产投资决策为研究对象的资本预算方法日益成熟，财务管理的重心由重视外部融资转向注重资金在企业内部的合理配置，使企业财务管理发生了质的飞跃。这个时期资产管理成为财务管理的核心，形成了以研究财务决策为主要内容的"新财务论"，将财务管理理论向前推进了一大步。因此，称这一时期为资产财务管理时期。

（四）投资财务管理时期

20世纪60年代中期，随着外部环境的不断变化，自然科学成果、社会科学成果的应用，使财务管理的重点转移到投资问题上。这个时期，财务管理发展成为由财务预测、财务决策、财务计划、财务控制和财务分析构成的，以筹资管理、投资管理、营运资金管理和利润分配管理为主要内容的管理活动，在企业管理中处于核心地位。1972年，法玛（Fama）和米勒（Miller）出版了《财务管理》一书，这部集西方财务管理理论之大成的著作，标志着西方财务管理理论已经发展成熟。因此，称这一时期为投资财务管理时期。

从20世纪80年代开始，在科技的推动下，企业财务管理进入深化发展的新时期，并朝着国际化、精确化、电算化、网络化方向发展。

二、企业财务管理的发展趋势

（一）先进的财务管理理念

企业财务管理发展必然与新时代下社会的发展相适应。企业产业升级、结构转型迫在眉睫，财务管理工作需要站在战略高度，以全局的视角提供决策支持服务，并熟悉行业竞争态势。新形势下，各大企业已开始进行财务管理变革，例如，建立财务共享中心，减少财务人员投入同时提高管理效率；通过业务流程和专业化，实现规范化管理，强化集团管控；将财务数据与业务数据融合，提升企业的商业预测和决策支持能力。

（二）智能化的财务管理平台

以大智移云物区为代表的新型技术，推动人类进入第四次工业革命浪潮，改变着企业经营发展的进程。企业的财务管理也进入了新的时代，向着智能化、数字化、业财融合、精准谋划、财资管理的方向发展。企业在产业融合与结构转型、智能化、数字化的新时代背景下，建设智能化财务管理平台。该平台设有数据处理中心与智慧决策中心，能够整合财务数据与经营数据，将财务管理与大数据融合，实现智能财务、数字化管理，从而进行智能决策与指导。

（三）高素质的财务管理人才

智能化、数字化的时代需要高素质的人才，财务管理人员除了具备专业判断和综合决策能力外，还应具备组织和策划能力、沟通协作能力、适应环境能力，最终成为企业业务单元的亲密伙伴和管理者的智囊团。

第三节　数字经济背景下企业财务管理未来的可行方向

一、数字经济概述

（一）数字经济的内涵

世界经济发展格局正处在大变革中，数字时代已经到来。数字经济很好地融合了信息技术与经济管理模式，有助于促进经济的有效增长。

数字经济主要是通过数据收集、数据筛选、数据存储，实现数据的使用，从而为经济的高质量发展提供助力。数字经济的内涵比较广泛，直接或间接利用数据资源推动生产力发展的经济形式都可以纳入其范畴。在技术方面，包括大数据、云计算、泛在网络、区块链、人工智能、5G通信等新兴技术。从应用的观点来看，"新零售""新制造"等具有代表性。

伴随着农业经济以及工业经济的深入发展，数字经济俨然成为当前主要的经济形态之一。同时，数字经济将数据资源作为重要的组成部分，将现代信息网络作为主要的承载体，并通过信息通信技术的有机融合，为数字转换提供强劲的动力。除此之外，它的传播速度更快、辐射范围更广，有利于生产方式以及生活方式等诸多方面的升级优化，这不仅对某一个国家适用，对于世界上的大多数国家都有不小的益处，不单让自身的经济实力更强，而且从根本上改变了传统的经济形态。

（二）数字经济的特征

2016年，《二十国集团数字经济发展与合作倡议》将数字经济的内涵界定为，数字经济是一系列经济活动，其中数字化的知识和信息是最为核心的生产要素。它主要依靠最新的信息网络来实现，能够合理地使用信息技术，达到提高工作效率、改进经济结构等发展目标。

数字经济的特征可概括为"1+2+3+4"。其中，"1"是一要素，即数据是一种新型的生产要素；"2"是两部分，即数字产业化和产业数字化；"3"是三基础，即数字经济的基础设施为"云—网—端"三位一体；"4"是四形态，即经济组织形态平台化、共享化、多元化、微型化。数字经济的本质在于信息化，它是一种速度型经济，具有快捷性、渗透性、经济性、可持续性等特点。

数字经济因其独有的特征引领了新的时代，企业的经营理念逐渐趋向于资源整合与共享，以更好地提高资源使用效率；数字化平台能够提升了企业的技术、人才、市场、资本等核心资源的自由度与协同效应，从而为企业财务管理转型提供强劲的驱动力。

（三）数字经济的发展背景

随着全球技术变革进程的持续推进，以数字经济为主的新经济模式通过重塑世界经济格局，为全球技术变革提供了核心战略发展方向。其中，数字化作为数字经济的重要发展形势，在数字经济以及全球技术变革的双重作用下，逐步成为促进中国经济增长的新动能形式。结合我国前瞻性产业研究院以及信息通信研究院发布的部署规划来看，自国家大数据战略实施以来，产业基础以及数字经济发展相关政策逐步贯彻落实，促使数字经济逐渐发展成为实现国民经济稳定安全发展的途径和方式，同时也成为促进国民经济高质量发展的动能表现。

（四）数字经济的发展现状

数字经济作为全新的经济形态，属于伴随信息技术高质发展延伸而来的经济形式。结合当前的发展情况来看，数字经济在国家政策以及社会发展形势的助推下，已经成为改变以及影响企业经营发展的重要信息资源，并且在行业横向发展中扮演着更加重要的角色。举例而言，数字经济在一定程度上可以消除传统区域空间存在的边界限制，同时也可以消除区域对经济发展所产生的负面影响，促使企业可以在市场中获得更多的机遇以及优势。最主要的是，数字经济时代的全面来临拓宽了市场网络营销战略，具有重要的发展意义。

通过上述分析可知，若想全方位提升企业的运营管理水平，企业管理人员需要将与数字经济相关的知识融入企业内部管理工作当中，尤其是财务管理工作当中，积极在实践中赢得创新，适应网络市场发展。

目前，数字经济的深入发展，促使其更加深入地融入企业日常发展工作当中，并逐步成为企业重要的战略资产。数字经济的特点表现以及内涵在一定程度上可助推财务管理模式转型升级，保障企业财务管理工作模式以及内容得以全面创新。不难看出，数字经济发展势头良好，在今后很长的一段发展时间当中均会在经济发展中扮演重要角色。

二、数字经济背景下企业财务管理的问题及难点

（一）数字经济背景下企业财务管理的问题

1. 管理制度比较落后

一些企业高管缺乏现代经营观念，只注重对商品生产的管理而忽视了对财务的管理。当整个社会都进入了数字化时代，由于对财务管理的不重视，出现了与财务数据有关的问题。虽然已经进入了数字化时代，但是一些企业的管理者并没有认识到财务管理的重要意义，也没有适应时代的发展。在特定项目发展时，仅有几个负责财务的职员参加，这样会导致企业无法对项目风险进行正确评估。另外，由于企业没有建立激励机制来激励员工学习，财务人员缺乏激励，难以提高企业竞争能力。

2. 信息传播时效性弱

为了防止财务信息的丢失，大多数企业都会建立起一个内部的金融体系，所以，财务人员只能在企业办公，这就给财务工作带来了时间和空间上的制约。由于财务人员的工作时间有限，所以在一定时期内，如果一天内不能完成所有工作的话，就必须在第二天才能完成，导致财务部门的数据处理和处理效率下降。在数字化经济的今天，企业的财务运作需要保持高效率，而财务工作的低效将会对企业产生巨大的影响，从而降低企业的运行效率。如果财务数据传递得太慢，就会降低企业的竞争能力。

3. 人员思想观念落后

在传统企业财务管理模式中，财务管理工作多由员工手工操作完成。为了确保企业财务信息的安全性，大部分企业在会计工作上的人员配置较少。只有少部分人负责企业财务管理工作，致使财务人员的工作量较大，缺乏空余时间进行自我提升，无法及时引入新型的财务管理理念，不利于提高自身的综合素养。此外，有些企业受诸多外在因素的影响，使得企业财务数据来源渠道较为单一，无法帮助财务工作者及时有效地整合企业各项数据资源，影响财务处理成效。

（二）数字经济背景下企业财务管理的难点

一部分财务人员缺少数字经济财务管理意识，对财务工作缺少正确认识，工作能力和工作效率较低，容易在财务管理工作中出现错误，导致财务数据不够真实。企业没有设置符合实际工作需要的制度体系来提高员工的工作积极性，保障

财务人员的整体专业水平，难以满足企业财务人员的发展要求。一些核算型财务会计只具备信息数据处理能力，在参与管理决策方面能力有所欠缺，只是做到了事后算账，还不能利用财务工具做到事前预测，对企业的发展也缺少推动作用。传统财务管理都是人工进行的，在对数据的编制和分析的过程中，偶尔会出现一些错误，对财务管理造成不小的影响，尤其是在现代信息社会，一些财务人员对计算机软件的使用并不熟练，影响财务工作的进度与效果，也耽误了项目的正常运行。这些问题的长期存在对企业的财务管理造成了严重影响。

三、数字经济背景下企业财务管理的发展方向

（一）由财务会计向管理会计转型

在"互联网+"共享经济背景下，现代企业面临着空前激烈的竞争环境，如何更好地服务于客户、激发员工的潜能、降低全流程运营成本，成为财务管理工作的重点内容与方向。通过数字化系统进行数据、信息的采集存储、分析挖掘，有利于提升财务管理工作效率，同时使财务人员从传统的账务核算中解脱出来。数字化的共享平台能够帮助财务人员获取数据、读懂数据、使用数据。企业可以利用云技术、大数据等手段，实现各类数据的采集、分析，为管理会计的应用提供良好的支撑。

（二）转变基本职能

在数字化时代，企业的会计职能从原本的监督经济活动转变为对业务的服务。企业坚持事后会计核算会让会计数据来源的真实性要求难以满足，并且单纯处理会计资料而不结合企业的各项业务，不能真实反映企业的经济活动现状。除此之外，在企业运行过程中，由于财务部门没有深入与各业务部门进行信息沟通，阻碍了企业的经营和发展。因此，在数字化时代，企业需要转变财务部门原本的职能，并引入新的服务管理理念，在内部快速建立起财务共享平台，更好地监督所有的经营业务，最终实现业财融合，助力各项业务快速发展。

（三）提升价值创造

在改革开放背景下，我国经济迅速发展，市场竞争也呈现出日益加剧的态势。对现代企业而言，财务管理工作是一项重要内容，甚至决定着企业的战略愿景能否实现。在数字经济迅速发展的背景下，越来越多的行业引入了数字化、智能化理念，旨在借助数字化技术提升管理效率，创造更大的经济价值。

财务管理工作的转型，实质是追求管理效率的提升，将数字化思维模式融入财务管理中，促进财务管理工作的精细化，通过信息数据共享，调动全员参与到财务管理工作中。

（四）转变管理手段

企业财务管理的转型会将原本的数据记录变为数据分析，在数字化技术的快速推进下，传统的会计记账方式将被替代。当会计实现了与大数据信息技术的结合，企业的会计人员就会快速转变工作思维，尤其是高级会计人员，会将传统的单纯记账思维变为数据的快速提取和分析思维。当企业会计对数据做到了有效提取和分析，就能够以数据结果为导向，合理做好预算管理工作，从而提高资金使用效率。在会计处理的过程中，企业还要做到数据共享，找出业务发展过程中的潜在风险，对财务的正常使用进行监督，从而提高财政资金管理效率。

（五）转变管理目标

企业管理目标要从过去注重事后管理和结果管理转向全流程参与，过于关注事后管理，会出现事后推卸责任的情况，并不能真正实现财务高效管理的目的，但全流程参与能更好地解决这一问题。企业的会计人员参与内部业务决策过程，通过把握财务管理手段，让决策工作得到有效的数据支撑，进而推动各项业务发展。企业甚至能以财务分析数据为依托，针对业务项目的不同，打造个性化财务数据分析，保证财务管理的作用可以得到最大化发挥。

四、数字经济背景下企业财务管理的发展思路

（一）强化信息系统支持

要想提升企业的财务管理能力，不仅要强化财务人员的业务能力，还要建立一个能够顺利运行的信息处理体系。信息处理系统直接关系到企业的财务数据能否得到及时的存储，而财务数据则是企业进行业务分析的关键。缺少了财务数据，就不能进行有效决策，所以，企业要加大对财务信息处理系统的投资力度，不然进行财务管理体制的转型是很困难的。通过建立企业的财务信息系统，可以对企业的竞争力、市场份额等做出正确的评价，从而帮助企业进行经营决策，提高企业的资源利用率。企业的经济系统不仅影响企业的经营，而且影响企业的各个方面，如供应商、竞争对手等；另外，会在一定程度上影响市场的运作。企业可以运用信息化手段加强财务、业务等各部门之间的相互关系。若财务资讯系统运作

正常，则财务主管可借此收集资料、筛选资料，促进财务管理人员一次处理更多工作，以快速发现新的发展方向，并严格贯彻高效率发展策略。

（二）找准发展方向

在不断发展变化的经济市场环境下，企业管理经营者需要厘清社会发展方向，明确市场发展趋势，准确选择企业发展方向。对于建立数字化时代下的现代企业管理结构，需要借助时代发展的科技优势，提高企业管理规划运营模式，从而才能实现企业长久发展的核心能力。因此，企业管理者需要充分认识到数字化、智能化是未来社会发展的主要趋势，并以此为导向对企业经营管理规划做出明确的宏观管理职能转变指引。在数字经济时代，实现企业管理的数字化和智能化，建立企业完善的数字化信息共享结构平台，完善企业经营管理控制效能的提升。

（三）树立大数据财务管理理念

数字时代的到来，将数据科学和数字平台的概念引入了财务管理领域，因此，企业应树立大数据财务管理理念，将数字技术作为财务管理创新的根本路径。一是以数据科学理念为指导，推动数字化场景的实践应用，使得企业能够在大量财务数据的支持下提升财务管理的效能，将财务信息的价值充分地挖掘出来。二是利用数字技术，构建企业面向业务、服务战略的管理会计信息化体系，实现各个生产要素的相互融合，建立全生命周期财务管理模式，对业务进行全过程渗透，助力企业不断赢得市场。

（四）正确认识企业财务管理工作

当前时期，我国企业对财务管理工作的定位存在一定差异，对财务管理工作的认知也有所不同。很多企业认为，在执行财务管理工作的过程中只需要对财务事项进行处理即可，财务管理工作在企业的整个运行过程中只是起到辅助作用。还有部分企业对财务管理工作进行了相应的调整，但是所展现出的工作重点也有所差异，只有极少部分的企业能够正确认识到企业财务管理工作的重要性，并且充分体现出了财务管理工作的价值。

由此可见，对企业财务管理工作的定位不同，工作形式、工作重点也将有所区别，这样获得的工作效果、质量自然是各不相同的。处于数字经济时代当中，我们一定要对企业财务管理工作产生更加清晰的认识，对企业内部的财务管理工作进行重新定位，确保企业财务管理工作能够与传统财务管理工作划清界限，将企业的财务管理工作定义为资本运营、财务预测、财务决策、业务支持、财务分析、风险控制等多种职能，促使企业财务管理工作能够在企业的运行中发挥出更大的作用。

（五）重塑企业财务管理角色定位

在实施数字化思想的财务管理中，必须调整对财务决策的支持与控制。企业应该采取多种手段降低会计业务的比重，从而使会计管理体制发生重大变化，促进会计工作规范化发展。在会计工作的规范化改革结束后，所有的财务资料都可以被整合到一个系统中。财务人员可以登录该系统对整个企业的财务工作进行处理，同时，企业各管理部门也可以通过该系统了解企业的财务情况，并据此对与金融相关的措施进行调整。该系统可以实现企业各个部门的财务信息的共享，提高了业务处理的效率，减轻了财务人员的工作量，使传统的财务管理体制向新的财务管理体制过渡。

目前，国内很多企业的财务经理仅仅被定位为对会计进行简单的会计处理，对于企业的经营决策起不到很大的作用。要使企业的财务管理更好地发挥其功能，就必须激励其进行正确的定位和调整。财务经理本来可以在企业的决策中扮演重要角色，但是由于把自己定位为一个普通的员工，而管理层对此也没有太多的关注，这使得其无法影响企业的决策。在数字经济的今天，财务管理者必须认识到自身在企业中的地位，并在决策中发挥自己的作用。同时，为确保企业的竞争优势，管理层还应该让财务经理参与到项目的决策中来。

（六）重新划分财务部门的职能

在数字经济时代的背景下，财务共享中心需要有机衔接财务部门的职能体系，从而保障财务核算和财务管理处于平稳有序的运行状态中。核算会计的基础职能需要紧紧依靠财务共享中心，从而对企业资金运行和经济活动进行准确及时的反映和全面具体的监督；财务管理能够对企业的资金进行预测以及控制等，保障企业的资金始终处于高效组织、灵活管理的状态。为了使财务部门的职能更加优化，在财务管理数字化转型期间，要将整个财务组织的职能规划摆在突出重要的位置上，这样才会更好地实现数字时代管理会计和财务会计的有机分离。

（七）认真遵循各项转型原则

首先，坚持价值驱动性原则。企业在实施财务管理转型前，应做好转型前的准备工作，有效识别企业具有较大价值驱动力的环节或者节点。价值驱动力可以体现在业务价值、经济价值与风险价值等诸多方面。企业可以结合监管需求与经济价值，选择相应的业务领域。比如，对集团主数据实施规范化管理，构建规范平台，以及预算与费用控制平台等。

其次，坚持范围可控性原则。在实施企业财务管理转型时，应确保实施范围具有可控性，以此提高转控成效。

最后，坚持短期效益性原则。在企业财务管理转型过程中，应确保在1~2年内，财务运行效率有所提高，或者有效降低财务数据分析时间等，进而判断企业财务管理转型工作方案的切实可行性。若相对时间内，转型效果不明显，则需制定出相应的整改方案。

（八）加强财务管理队伍的建设

在数字经济时代，企业财务管理工作人才作为技术的载体，财务管理人员的专业技术水平直接影响着企业财务管理工作的实际落实效果。因此，企业需明确自身财务管理创新发展需求，加强财务管理工作队伍的建设，推进财务数字化管理的成功转型。企业应对自身财务管理工作现状展开全面梳理，并对当前的财务管理人员以及岗位设置情况等展开科学调整，并组织所有在岗财务管理人员进行数字化技术转型培训，进一步巩固财务管理工作理论知识与操作技能，提高财务管理人员的数字化管理技术水平，使其能够更好地适应数字经济环境下的财务管理工作需求。此外，企业还应加强对优质人才的引进，积极招收数字化会计人员，为企业财务管理工作队伍注入新鲜血液，提高团队整体的工作活力，带动整个团队综合业务能力的提升。财务管理人员自身也需要合理安排时间，不断进行自我学习，丰富自身专项知识储备，协调自身知识结构，掌握更多先进的财务管理工作理念与技巧，从而为企业的长效、健康发展发挥自身价值。

（九）提高财务管理信息化水平

数字经济视角下的财务管理离不开先进的信息技术。利用财务软件来进行财务信息处理，输入原始数据，再利用软件进行操作，相应的分析结果将直接自动出现，能够显著提高数据处理效率，并规范工作流程。信息技术的应用和SAP系统（一款用于企业资源计划管理的软件）的建立将使信息的收集和整合变得更加简单、便捷，不必受制于时间和地点，只要有网络和电脑，就能够收集所有的信息。企业管理者要转变财务管理理念，积极创新财务管理模式，加大资金和技术投入，科学、全面地发挥SAP系统功能，提高财务管理的整体质量和有效性。在财务管理信息系统的建立过程中，企业可以直接购买市场中的财务管理信息系统，也可以自主开发适合自己的财务管理系统。需要指出的是，企业在应用SAP

系统时，应确保管理系统的标准化结构，以实现财务信息的高效共享和快速传输。企业还应当注意SAP系统的日常维护和定期检测，及时发现系统中存在的安全性问题，避免造成严重的影响。同时，企业可以安装安全软件，有效地提高SAP系统运行的安全性。企业财务管理信息化建设必须有完善的财务信息的基本编码方法。因此，企业要统一制定SAP系统基本编码规则，不能由下属部门制定；同时，根据制定的编码规则，编制配套的使用手册，恰当分配用户的权限，持续完善用户权限手册，明确分配使用权的许可流程，持续改进企业的财务管理流程。

（十）全面提高财务监督管理水平

财务监督作为企业基础约束的重要组成部分，在一定程度上可对企业各项经营管理活动产生至关重要的影响。因此，为保障企业可以在激烈的市场竞争中立足发展，财务管理人员应该对财务监督工作内容进行统筹规划与合理部署，可通过利用大数据等新兴技术获取财务数据信息，真实反映企业的财务状况，并按照全方位监督管理原则，对所获取的信息资源进行整合分析，制定针对性发展对策。与此同时，财务监督管理工作应该秉持公平性与透明化原则，对所获取的财务数据进行公开处理，让财务审计人员更加直观地了解企业真实的财务情况。一旦发现数据异常问题，必须追究个人责任，保障企业各项经营活动透明规范。除此之外，财务工作人员应该深化个人的责任意识，加强对财务数据的挖掘与深度分析，以期可以为企业经营管理活动的有序开展奠定基础。

（十一）大力提升财务风险管理水平

随着数字经济的持续发展和传统财务模式的改善，企业之间的竞争越来越激烈，财务管理在数字经济企业的生存和发展中的重要性逐渐突显。数字经济在促进经济发展的同时也给财务管理带来了更大的挑战。除了传统的风险管理外，经济数字时代更注重数据资源带来的财务风险。此外，财务管理系统应在信息载体的确认、流程的优化等方面引入新技术。在系统框架图的基础上，从内部控制的五个要素出发，对风险进行分析、评价，并基于内部风险和剩余风险的预警，当潜在的重大风险事件发生时，应在风险暴露范围内控制风险，以确保企业财务安全。

当前，由于数字经济的快速发展，财务管理业务越来越依赖于数据，数字经济下的可利用资源有很多，企业对财务风险管理的把握也在日益加强，但是数据泄露和不规范的数据资源利用给财务管理带来了一定的挑战，由于数字经济形势分析不到位、数字经济利用不具体等导致财务风险控制不到位，同时存在一些难以掌握的数字经济问题。要明确数字经济的相关资源与价值，对其中存在的风险要时刻给予关注，需要格外注意对资源的合理利用，确保企业财务管理中的数字经济的安全性，以降低财务管理存在的风险。

（十二）构建企业财务数字化转型平台

在数字经济时代的背景下，数据的储存、分析以及应用对企业来说变得十分重要。企业财务管理工作人员应该充分意识到数据经济对自身工作的影响，从而推动财务管理工作的创新和升级。我国现阶段，很多企业都开始将数据资源作为前提条件进行综合业务的拓展，与此同时，企业在数字经济下财务管理工作的转型阶段，应该立足于大数据、智能技术以及信息化平台，不断完善自身财务共享数字化平台，并最大限度地发挥财务共享数字化平台对各项财务数据资料的整合和分析作用，促使财务共享模式的优化发展和转型升级，并且企业通过建立健全财务共享系统，能够为企业的运营和发展提供更加准确的数据支持，从而对企业内部分散的财务管理工作进行优化整合，有效实现对财务标准化流程的再造控制。再加上企业内部业务部门和财务部门之间有密切的关联，财务管理工作人员就可以从各项业务活动中获得更多的信息和数据资源。财务管理部门可以制定分场景、分主体、分对象的数据应用体系，提供社区化、个性化的财务数据应用，支撑生产过程全流程监控、风险全天候监测、经营结果可视化展现，从而实现动态化的财务管理和控制，并推动财务管理数字化转型和改革。

第三章 传统企业财务管理的理念、内容与局限

企业财务管理模式的"潮流"是将财务管理与数字技术相结合。如果传统企业不能对落后的财务管理进行创新发展，传统企业就将被数字化时代现有的市场逐渐淘汰，逐渐丧失市场竞争力，进而退出市场。对传统企业现有的财务管理模式进行评价，查找现有的财务管理的缺点，从而着重对此类企业财务管理中存在的问题进行改进。本章分为传统企业财务管理的理念、内容和局限三部分。

第一节 传统企业财务管理的理念

一、效益理念

取得和不断提高经济效益是市场经济对现代企业的最基本的要求。对现代企业来说，取得效益意味着必须以低于社会必要劳动时间的劳动耗费来完成其生产经营活动过程；而经济效益的提高，则需要依赖于个别劳动时间的耗费与社会必要劳动时间对比关系的进一步好转。可见没有劳动时间的节约，就不可能有经济效益的产生和提高。从某种意义上讲，社会发展的动力来自劳动时间的节约，而劳动时间的节约是通过对人力、物力、财力的合理而节约地使用来实现的，即通过有效的财务管理来实现的，因此在财务管理方面必须牢固地确立效益理念。效益理念的确立，有助于现代企业在符合市场需求的前提下，独立地做出有关决策，建立明确的财务目标，并通过市场竞争得以实现，自觉地增强企业自我改造、自我完善、自我发展的能力。效益理念的确立，要求企业必须做到：筹集足额资金，保证企业生产经营活动的需要；合理分配资金，节约资金占用，加速资金周转；开源节流，增收节支，处理好对企业生产经营活动的服务与管理的关系，强化机会成本观念，努力消灭各种闲置；努力保持目前经济效益与长远经济效益的统一；

重视资金成本，合理确定负债结构，控制财务风险；创造条件计量各种潜在的损失并提前反映与补偿；利用发达的金融市场，力所能及地开展货币商品经营；树立良好的企业财务形象，保持企业优越的外部环境；等等。

二、预算理念

现代化大生产与大经营要求企业进行严密的分工与合作，加强内部控制，从而需要预算作为控制的标准。现代市场经济社会中企业经营的复杂性和多变性，给企业造成了各种各样的风险，预算管理是预防和应付风险的重要方法，也是提高企业管理水平的重要环节。市场经济越发达，企业对管理水平提高的要求越强烈，预算管理也就越得到重视。从一定程度上说，一个企业预算水平的高低决定了一个企业管理水平的高低，预算管理水平集中代表了企业的管理水平。所谓预算理念，就是要求企业在任何的经营活动和理财活动开始之前都要编制详尽的预算，编制的各种各样的预算要相互联系，编制预算的方法要科学合理，根据企业在每一时期的实际情况，要突出预算编制的重点。

三、战略管理理念

（一）现金流量理念

现金流量和自由现金流量在企业战略管理中具有重要地位。

已有大量的证据显示，按财务报告披露的利润所分配的收益与股票价格变动之间缺乏联系，而一些国际大公司的股价与其现金流量之间却存在着显著的高度相关性。欧洲的一项研究显示，股价变动与每股收益的相关度为 -0.01，而与资本现金回报率的相关度则是 0.77。因此，欧美国家的投资者对公司的评价更多的是基于所报告的现金流量，而非盈利情况。这一趋势在日本也已出现。有人甚至提出"现金流量至尊"之理念。许多跨国公司将其经营重心转向那些带来的现金流量回报超过其资本成本的投资组合。可以看出，基于现金流量的投资回报已经成为与股东财富或公司价值密切相关的新概念，并已成为企业发展战略和财务战略的战略规划结合点。

（二）价值创造理念

确保企业内部每一个层面的决策过程都与股东财富最大化的原则相吻合，是一流财务管理人员必须具备的技能。从一些企业的成功经验来看，当股东财富最大化成为企业追求的目标之后，以价值为基础的管理（Value Based

Management，VBM）就已经成为财务管理人员所必须具备的财务理念。因为VBM涉及对自由现金流量、风险和时间的调整与分析，可以促使企业的财务管理从短期的利润视角到长期的价值创造之观念更新，可以引导企业管理当局直接面向股东，从而对整个企业的财务支持系统之运作产生深刻的影响。

（三）成本领先理念

企业经营范围广泛，为多个产业部门服务，甚至可能经营属于其他有关产业的生产。企业的经营面往往对其成本优势举足轻重。成本优势的来源因产业结构不同而异。它们可以包括追求规模经济、专利技术、自动化组装、原材料的优惠待遇、低成本设计、有利于分摊研制费用的销售规模、较低的管理费用、廉价的劳动力和其他因素。成本领先理念是企业最普遍、最通用的竞争战略之一。成本领先理念一般要求企业成为行业内的成本领先者，而不是争夺这个位置的众多企业中的一员，如果在实行该理念时未能认识到这一点，那么在行动上将会铸成大错。渴望成为成本领先的企业绝对不止一家，它们之间的竞争通常是非常激烈的，因为每一个百分点的市场占有率都是至关重要的。

成本领先理念的关键在于通过其成本上的领先地位来取得竞争的优势，这与在市场销售上采取的低盈利低价格的策略是截然不同的。成本领先理念的成功取决于企业日复一日地实际实施该理念的技能，还取决于管理层对该理念的重视程度。实行成本领先理念时，企业需要注意下面的这些错误导向。

①重视生产成本而忽视其他：成本的降低使人首先联想到的就是生产成本的降低，但多数情况下生产成本只是总成本的一部分而已，在我们重视降低生产成本的同时，还需要认真地审视一下产品的整个成本链，这往往成为降低成本的重要步骤。

②将采购视为次要的部分：采购是成本降低过程中最重要的环节之一，所以不应该视采购为次要的职能，也不要将采购分析限制于某些重要的方面。

③忽视间接的及小成本的活动：在实行成本领先理念时，不要仅仅将眼光放在能够产生大的成本降低或直接与成本有直接关系的方面上，而忽视了占成本小部分或只有间接关系的部分，要知道小的降低能够累积为大的领先。

④对成本驱动因素的错误理解：企业常常会错误地判断其成本驱动因素，如全国占有率最高同时又是成本最低的企业，人们就会错误地认为市场的占有率能够推动成本的降低。

⑤成本领先与产品特色的取舍：如果企业的产品是消费者心目中具有特色的

产品,那么在实行成本领先理念时就必须充分地考虑这一点。在某些时候,成本的降低可能会影响产品的某些特色,降低成本还是保持产品特色,需要企业深思熟虑。

四、风险报酬理念

从财务的角度来看,风险主要是指无法达到预期报酬的可能性。由于投资者对意外损失的关注,一般要比对意外收益强烈得多,因而人们研究风险时侧重减少损失,经常把风险看作不利事件发生的可能性,要求规避风险。

报酬是描述投资项目财务绩效的一种方式,其大小可以通过报酬率来衡量。假设某投资者购入10万元的短期国库券,利率为10%,一年后获得11万元,那么这一年的投资报酬率为10%,即

投资报酬率=(投资所得-初始投资)/初始投资=(11-10)/10=10%。

事实上,投资者获得的投资报酬率就是国库券的票面利率,一般认为该投资是没有风险的。然而,如果将这10万元投资于一家刚成立的高科技公司,该投资的报酬就无法明确估计,即投资面临风险。

企业的财务决策几乎都是在包含风险和不确定的情况下做出的,离开了风险,就无法正确评价企业投资报酬的高低。风险是客观存在的,按风险的程度,可以把企业的财务决策分为三种类型。

(一)确定性决策

决策者对未来的情况是完全确定的或已知的决策称为确定性决策。例如,前述投资者将10万元投资于利息率为10%的短期国库券,由于国家实力雄厚,到期得到10%的报酬几乎是肯定的,因此,一般认为这种情况下的决策为确定性决策。

(二)风险性决策

决策者对未来的情况不能完全确定,但不确定性出现的概率的具体分布是已知的或可以估计的,这种情况下的决策称为风险性决策。

(三)不确定性决策

决策者不仅对未来的情况不能完全确定,而且对不确定性可能出现的概率也不清楚,这种情况下的决策称为不确定性决策。

从理论上讲,不确定性是无法计量的,但在财务管理中,通常为不确定性规

定了一些主观概率，以便进行定量分析。不确定性在被规定了主观概率以后，就与风险十分相似了。

因此，在企业财务管理中，对风险与不确定性并不做严格区分，当谈到风险时，可能是风险，也可能是不确定性。

投资者之所以愿意投资风险高的项目，是因为其获得的报酬率足够高，能够补偿其投资风险。很明显，在上述例子中，如果投资高科技公司的期望报酬率与短期国库券一样，那么几乎没有投资者愿意投资高科技公司。

企业必须在财务管理中树立风险观念，通过风险回避、风险接受、风险转嫁、风险分散等手段，对企业财务活动的风险加以控制，以便正确有效地实施财务决策。

五、市场竞争理念

市场经济是一种通过竞争实现资源优化配置的经济。竞争是市场经济的基础法则，竞争促使现代企业在价值规律的作用下寻求更有效的经营方式和更有利的经营方法。就现代企业财务管理而言，竞争为其创造了种种机会，也形成了种种威胁。在市场经济体制环境下，价值规律和市场机制对现代企业经营活动的导向作用不断强化，无情地执行着优胜劣汰的原则。市场供求关系的变化、价格的波动，时时会给现代企业带来冲击。市场竞争观念要求财务管理活动中要一切从市场的要求出发，一切考虑市场的评价效应，一切服务于市场和忠诚于市场，财务管理活动要"从市场中来，到市场中去"。

企业具体要做到：在政府的有关财务方针政策符合市场规则的前提下，企业财务管理活动必须遵循市场管理规则，亦即遵循政府的方针政策；企业要研究金融市场，熟悉金融市场，以便从金融市场中筹措资金；企业的资金结构安排要考虑市场评价的效应；企业的股利分配政策要考虑对股市的影响；企业的财务状况和经营成果的好坏由市场来评价；为提高和保持企业的市场竞争能力，必须贯彻财务信息"公开性和保密性并重"的原则；从市场中培养财务形象，以良好的财务形象取信于市场等。

总之，企业要在进行充分的市场调查和市场预测的基础上，强化财务管理在资金筹集、资金投放、资金营运及收益分配中的决策作用，并在市场竞争中增强承受和消化冲击的应变能力，不断增强自身的竞争实力。同时根据对外开放的基本国策，要进一步吸收外资，学习外国先进的管理方法和先进技术，有选择地借鉴国外财务管理中的科学、合理的经验，掌握现代化的财务管理手段和方法，通过参与国际竞争来求效益、求发展。

六、资本价值管理理念

以金融市场为主导和以现代企业制度为主体的现代市场经济的完善和发展，导致企业目标由追求利润最大化发展到追求综合程度更高的企业资本价值（企业价值）最大化。企业价值最大化是通过企业合理经营，采用最优的财务决策，在考虑货币时间价值和风险报酬的前提下，使得企业整体价值最大化，进而使股东财富最大化。资本价值管理成为占主导地位的企业理财的新理念和新模式。

①在管理权限上，实行适度集权的模式。一般来说，若管理对象结构复杂、布局分散，管理者本身控制能力弱，宜采取集权型管理；反之，则宜采取分权型管理。对于我国大多数国有企业来说，一方面，集团企业规模较大，业务领域较宽，分支机构数量和级次多，地域分布广，内部经济关系较为复杂；另一方面，管理者对财务控制机理的熟悉和重视程度不够，控制手段和方法较为原始，控制机制相对比较薄弱。在这种情况下，宜采用集权模式配置资金权力。

资金集权化管理的基本思路是集中财权，强化管理。其具体操作是将一些重大的财权包括资金调度权、资产处置权、投资权、收益分配权和财务人员的任免权等按现代公司治理结构的要求进行配置，特别是在经理层这一层次上要处理好总经理和财务总监的财务支出联签问题。在一个独立的企业内部，尤其是集团公司内部，资金的集中管理不仅必要而且十分重要，它是提高企业资金效益、实现资本价值管理的有效手段。

为适应财务集中的管理模式，要尽可能减少管理层次，精简下属企业，原则上不应再设置三级企业或更低层级的公司，彻底改变财权被多次分割、散布于各级企业的状况，实现企业资源在集团公司范围内的整体调整和配置，确保集团总体战略的有效实施，有效控制下属企业的次优化目标和"绕道潜行"等违规行为的发生。

②在管理内容上，实行全面预算管理。预算管理是一项重要的财务控制工具。资本价值管理模式下的财务预算要克服以往分块制定、各自实施的缺乏完整性和全面性的计划管理缺陷，必须从企业的战略目标出发，全面均衡地考虑公司的预

算体系,考虑总预算与各分项预算之间的衔接和平衡,建立一套系统编制相互协调的全面预算管理体系。

从系统的观点看,企业财务预算是由销售、生产、现金流量等各个单项预算组成的财务责任指标体系,它是以企业年度利润目标为出发点,以销售预测为编制基础,综合考虑市场和企业经营管理的各项因素,按照目标明确、权责清晰的原则,由企业预算管理委员会讨论通过的企业在未来一定期间内经营决策和目标规划的财务数量说明和责任约束依据。

在财务预算的编制方式上,要推广各种先进的预算编制方式,根据强化企业内部远期管理的要求,推行滚动编制和零基预算方式,坚持全面预算与项目预算、责任预算相结合,坚持项目预算与责任预算的可控性原则,坚持对预算差异进行及时的、有针对性的反映和控制。

在预算编制内容上,应强化资金预算编制,特别是现金预算的编制,以预先规定企业计划期内由于经营管理及投资活动所引起的现金流入与流出,将现金预算作为强化现金流转的计划控制工具。

③在管理手段上,强化财务激励与约束机制。为了使下属企业和各责任中心的经理人员理解和配合公司加强财务集中与监管的做法,建立相应的激励机制是必要的。

激励的主要方式是目标激励。目标管理是一种以考核最终成果为核心的企业管理方式,需要处理好以下三个环节。

第一,目标的设定要科学合理,不仅要有效益目标,而且要有资产质量目标和管理目标,目标既要有现实的可行性,也要有一定的挑战性。

第二,目标的执行、检查和考核要有刚性。

第三,奖惩措施要及时到位,目标执行结果应严格地与企业的主要经营者、各责任中心的经理人员的个人报酬、职位升降等挂钩。

以上三个环节是环环相扣的,任何一个环节出问题都会导致目标管理的失败。为确保激励机制有效运行,在企业资本价值管理中必须理顺财务关系,硬化财务约束,正确处理权责关系,使各个企业经营者所享有的权利和所承担的义务必须对等,这是硬化财务约束的一个基础;要坚持按市场经济规律和游戏规则来处理集团内部各企业之间、各企业与集团总部之间的关联交易,这种内部调节主要依托于市场机制和经济约束方法,而不能依托于行政命令;要按照诚信原则理顺内部关系,重点要清理历史原因形成的权益和产权纠纷,清理往来债权债务,并在必要时开展内部信用评级工作,对不同信用级别的企业实行不同的信用政策。

七、机会成本理念

在理论上,机会成本泛指一切在做出选择后失去另一个机会的最大损失,机会成本的变化性较大。机会成本与企业收益呈反比,即机会成本越小,企业收益越好。企业在做出选择时,应该要选择最高价值的项目,而放弃选择机会成本最高的项目,即失去越少越明智。机会成本通常包括显性成本和隐性成本两部分。前者指使用他人资源,付给资源所有者的货币代价的那部分机会成本;后者指因为使用自有资源而放弃其他可能性得到的最大收益的代价。如在筹资中,机会成本运用首先集中体现在融资工具的运用上,此时为最大集资,可大量运用可转换债券。可转换债券是一种混合证券投资工具,风险投资者可以利用它有效地控制投资风险并获得较高的收益,即通过债券的优先求偿权可以保证其投资的回收,或以企业的良好成长性引导投资者行权从而由债权人变成股东。

八、收益性与流动性相统一理念

收益性与流动性是一对相互依赖、相互矛盾的概念,也是财务管理实践中必须树立的核心观念。从长期来看,两者是相统一的,要想取得长远的经济效益,就必须保持理想的流动性,以保证企业在动态的发展过程中不断清偿到期债务。只有如此,才能保持企业的长期收益性。从目前来看,两者又是相互矛盾的,要想取得较强的收益性,则必须大量使用流动负债,大量形成流动性较低的长期资产,这样企业必然表现为资产流动性较低、偿债力较弱;反之,想要维持较高的流动性,企业必须保持较多的流动资产,或者维持较高的自有资本比率或较多的长期负债,超过合理的流动资产的闲置和资金成本较高的资金来源,必然降低企业的收益性。如何保持理想的收益性和流动性,是市场经济条件下企业必须认真权衡的理财问题。建立正确的收益性与流动性观念,就是要求企业首先要具备有关收益性与流动性及其两者关系的正确观念,在此观念的指导下,正确处理企业的资产结构、资本结构及其两者的对称结构问题,以保持企业理想的收益性与流动性,实现收益性与流动性的统一,满足企业追求所有者权益最大化这一企业目标的要求。

九、全方位、多层次理财理念

财务管理不仅仅是财务部门的工作,而且是应由各部门、各单位和全体员工广泛参与的工作,是全方位的管理。从理财层次看,企业理财基本上可分为三个层次。

（一）主管层理财

这一层次包括公司董事长、总经理、财务副总经理和其他副总经理，该层理财的常设办事机构是企业总部的财务部。这一层次是企业理财的领导层，担负着企业财务组织机构设置、内部财务管理体制制定、财务总体目标决定、财务战略决策制定、财务调控的组织和财务考核与奖罚等职责。该层次的理财活动主要由企业总经理与财务副总经理负责组织领导。

（二）分管层理财

分管层理财指企业采购、生产、营销、人事等职能部门的理财。这一层次是企业理财的中间层，介于主管层和基础层之间，担负着对分管部门财务组织机构（或专门核算人员）的设置、分管财务管理制度的制定、分管财务目标的分解与监控等职责。该层次的财务管理活动由分管部门经理负责进行，其办事机构（或人员）为分管部门的财务机构（或专职人员）。

（三）基础层理财

基础层理财是指企业具体进行生产经营活动的基层单位（如车间、采购组、库房、营销组等）的理财。这一层次是企业理财的基础，担负着基层财务专职或兼职人员的设置、财务考核目标的具体落实与组织实现，以及基层财务制度的制定等职责。

企业理财的三个层次，从纵向看是财务管理总目标与分目标的层层分解、落实与组织实施，从横向看是各分管部门或各基层单位之间围绕财务管理总目标实现的分工合作关系。三个理财层次紧密联系、相互依存、相互制约，构成了企业完整的理财体系，这要求企业各级领导与员工树立整体理财意识。

十、货币时间价值理念

货币时间价值是指货币经历一定时间的投资和再投资所增加的价值，也称为资金时间价值。资金作为一种必需的生产要素，在投入生产经营的过程中会带来价值的增值，所增加的价值就是资金的时间价值，它构成了资金作为一种生产要素在投资过程中所应得到的报酬。

从量的规定来看，资金在运用过程中所增加的价值并不全部是资金的时间价值，这其中还包括投资者因承担投资风险和通货膨胀而获得的补偿，因此，所谓的货币时间价值应当是在没有风险和通货膨胀的条件下的社会平均资金收益率。

简单地说，在市场经济环境中，当前的1元钱和一年后的1元钱，其经济价值并不相等。

即使不存在风险和通货膨胀，当前的1元钱也比一年后的1元钱的经济价值更大一些。例如，将当前的1元钱存入银行，假设存款利率为10%，那么一年后将得到1.10元，经过一年时间投资增值了0.10元，这就是货币的时间价值。

货币时间价值有两种表现形式，一种是用绝对数值表示，即资金价值的绝对增加额；另一种使用相对数值来表示，即资金的利润率。相对而言，后一种形式便于进行比较，是常用的表示方法。例如，前述货币的时间价值为10%。

单位货币在不同时间段的价值并不相等，因此，不同时间的货币收入或支出不应当直接进行比较，需要将它换算到相同的时间价值基础上，方可进行比较与分析。货币时间价值原理正确揭示了在不同时点上资金之间的换算关系，是财务决策的基本依据。

十一、边际与弹性理念

（一）边际理念

边际概念是指企业每增加一个单位的产量所增加的成本或收入，相应地形成边际成本和边际收入概念。与其相关的是边际成本递增和边际收入递减的规律。这两个规律告诉我们，企业生产经营和财务活动在量上都有一定界限，小于或超过这一界限就不可能使企业利润最大化，只会使企业经营得不偿失，通常我们把这一界限称为损益分界点或损益平衡点。这一界限的确定在财务管理中称为边际分析，在企业理财活动中，运用边际收入、边际成本、目标边际收入或目标边际利润进行分析，可以有效地确定企业生产经营和财务活动的规模与结构。而且，在企业筹资过程中，边际资本成本是选择筹资方案的重要依据，一般而言，边际资本成本低的筹资方案为优。

（二）弹性理念

企业都面对着不断变化的市场，每一个企业的理财环境都在不断更新，这就要求企业的生产经营和理财活动必须保持灵活的适应能力或可调整性，我们称之为弹性，也可称为可调性。弹性理念要求企业在进行各项生产经营和理财活动中，必须注意到市场的变化，留有调整余地，以便企业可以随时、自动地为适应市场变化而进行调整。例如，在企业投资过程中，企业的投资规模一旦确定之后，不应当成为不变的控制指标。由于企业投资活动面对众多不确定因素，而且这些因素经常处于变动状态，因而企业投资规模也应随之做出相应调整。由于理财活动中需要人的预测，而人的预测能力又有一定的局限性，因而企业投资规模的确定应具有弹性，以便调整。再如，企业的利润分配方式和数额往往也要适应市场利率、汇率等因素的变动。

总之，在理财活动中，以不变应万变的方案是不存在的，财务管理人员在做出各项决策之前应充分预测市场变化对其决策的影响并适当留有余地，而在决策执行过程中则应注意市场变化对各决策的影响，并做出适当调整。

十二、国际化理财观念

随着中国加入 WTO，我国企业理财环境发生了重大变化。国际市场一体化，国内市场国际化，实行最惠国条款与国民待遇，外国企业走进来，我国企业走出去，使我国企业财务管理从国内理财走向了国际理财，从而要求企业高层管理人员树立国际化理财观念，认真做好以下几个主要方面的工作。

（一）国际化理财战略的选择

①按国内与国际宏观经济周期选择财务战略。一般而言，经济周期与财务战略存在如下匹配关系。

企业在选择财务战略时，要根据自身的筹资、投资与收益分配活动的国际化程度的高低，受国际性经济周期影响的大小来恰当地进行财务战略决策。

②按企业主导产品的生命周期选择财务战略。主导产品的生命周期与企业财务战略也存在一定的匹配关系。

（二）国际纳税筹划

国际纳税筹划是企业在遵守东道国税法和有关法律的前提下，通过定性定量分析和纳税安排，使企业总体税负水平最小化的一项财务管理工作。搞好国际纳税筹划，要求企业高层管理人员充分了解东道国的税法和相关法律精神，将东道国的税收导向和企业的生产与销售产品结构尽可能协调好，多出口东道国征税税种少、税率低的产品与服务，少出口东道国征税税种多、税率高的产品与服务，尤其要重视对方有减免税照顾的产品与服务的出口，从而使总体税负水平降低，提高企业的经济效益。

（三）人力资本估价

我国企业跨国经营，必然要求大量引进国内外优秀人才，使人力资本估价成为一项紧迫的工作。企业高层管理人员要根据引进人才自身的再生产费用、为企业带来未来收益的多少、国际国内市场同类型人才的价格等因素进行综合分析，运用收益现值法、市价法等进行人力资本估价，从而恰当地确定引进人才的报酬和有关代价，做到引进人才带来的收益大于所付出的成本，提高企业本金利润率水平。

除上述工作外，企业高层管理人员还应做好网络财务管理、财务信用管理和跨国财务风险控制等国际化理财工作，使企业在国际竞争中立于不败之地，为实现企业财务管理目标做出贡献。

第二节 传统企业财务管理的内容

一、传统企业财务分析管理

（一）财务分析

1. 财务分析的内涵与目标

（1）财务分析的内涵

在明确财务分析学科定位的基础上，界定财务分析的内涵是建立财务分析理论体系的关键。财务分析是财务分析主体为实现财务分析目标，以财务信息及其他相关信息为基础，运用财务分析技术，对分析对象的财务活动的可靠性和有效性进行分析，为经营决策、管理控制及监督管理提供依据的一门具有独立性、边缘性、综合性的经济应用学科。

财务分析的主体是多元的，投资者、中介机构（如财务分析师）、管理者、监管部门、其他利益相关者等都是财务分析的主体。他们都从各自的目的出发进行财务分析。

财务分析的分析依据或基础以财务信息为主，其他相关信息为辅。财务信息包括财务报告信息、内部会计报告信息、资本市场金融产品价格信息和利率信息等；其他相关信息包括非财务的统计信息、业务信息等。

财务分析的对象是财务活动，分析的内容是其可靠性与有效性。所谓可靠性分析是指分析财务信息是否真实准确地反映了财务活动的过程与结果，特别是分析那些由于会计信息确认、计量、记录和报告原则与方法的差异、变更、错误等对财务活动可靠性带来的不利影响。所谓有效性分析是指分析财务活动的营利能力、营运能力、支付能力、增长能力等，以判断分析对象财务活动与结果的质量，为经营决策、管理控制及监督管理提供准确的信息或依据。

因此，从相关主体来看，财务分析可分为投资者财务分析、管理者财务分析、监管者财务分析、客户财务分析、供应商财务分析、员工财务分析等；从分析方法来看，财务分析可分为会计分析与比率分析；从服务对象来看，财务分析可分为外部财务分析和内部财务分析；从职能作用来看，财务分析可分为基于决策的财务分析、基于控制的财务分析和基于监管的财务分析。

综上所述，财务分析是以会计核算、报告资料及其他相关资料为依据，采用一系列专门的分析技术和方法，对企业等经济组织过去和现在的有关筹资活动、投资活动、经营活动的营利能力、营运能力、偿债能力和增长能力状况等进行分析与评价，为企业的投资者、债权者、经营者及其他关心企业的组织或个人了解企业过去、评价企业现状、预测企业未来、做出正确经营决策、管理控制和监督管理提供准确的信息或依据的经济应用学科。

（2）财务分析的目标

财务分析的目标是建立财务分析理论体系和内容体系的关键。财务分析的目标应与财务分析信息使用者的目标相一致。随着财务分析信息使用者的增加及信息使用者目标的多重化，财务分析目标必然出现多样性与多重性。

从财务分析主体或信息使用者的角度看，财务分析目标可分为投资者财务分析目标、管理者财务分析目标、监管者财务分析目标、利益相关者财务分析目标等。投资者财务分析目标又可分为股权投资者财务分析目标、债权投资者财务分析目标。管理者财务分析目标可分为高级管理者财务分析目标、部门管理者财务分析目标等。监管者财务分析目标可分为政府部门财务分析目标、中介机构财务分析目标等。利益相关者财务分析目标可分为客户财务分析目标、供应商财务分析目标、员工财务分析目标等。

从财务分析信息使用目的角度看，财务分析目标可分为基于决策的财务分析目标和基于管理控制的财务分析目标。基于决策的财务分析目标按决策类型可分为投资决策财务分析目标、筹资决策财务分析目标、经营决策财务分析目标、分配决策财务分析目标等。基于管理控制的财务分析目标按控制环节可分为预测、预算中的财务分析目标、业绩评价中的财务分析目标、管理激励中的财务分析目标等。

无论从其主体看、客体看，还是从使用目的看，财务分析的目标都是要满足投资者、债权者、经营管理者及其他利益相关者决策与控制的需要。因此，研究财务分析的目标可从以下几方面进行。

①从企业股权投资者角度看财务分析的目标。企业的股权投资者包括企业的所有者和潜在投资者,他们进行财务分析最根本的目标是看企业的营利能力状况,因为营利能力是投资者资本保值和增值的关键,但是投资者仅关心营利能力还是不够的,为了确保资本保值、增值,他们还应研究企业的权益结构、支付能力及营运状况。只有投资者认为企业有着良好的发展前景,企业的所有者才会保持或增加投资,潜在投资者才能把资金投向该企业;否则,企业所有者将会尽可能地抛售股权,潜在投资者将会转向其他企业投资。另外,对企业所有者而言,财务分析也能评价企业经营者的经营业绩,发现经营过程中存在的问题,从而通过行使股东权利,为企业未来发展指明方向。

②从企业债权者角度看财务分析的目标。企业债权者包括借款给企业的银行和一些金融机构,以及购买企业债券的单位与个人等。债权者进行财务分析的目标与经营者和投资者不同,银行等债权人一方面从各自经营或收益目的出发愿意将资金贷给某企业,另一方面又要非常小心地观察和分析该企业有无违约或清算、破产的可能性。一般来说,银行、金融机构及其他债权人不仅要求本金能及时收回,而且要得到相应的报酬或收益,而这个收益的大小又与其承担的风险程度相适应,通常偿还期越长,风险越大。因此,从债权人角度进行财务分析的主要目标,一是看其对企业的借款或其他债权是否能及时、足额收回,即研究企业偿债能力的大小;二是看债务者的收益状况与风险程度是否相适应,为此,还应将偿债能力分析与营利能力分析相结合。

2. 财务分析的产生与发展

(1)企业财务分析的产生

财务分析起源于 19 世纪末 20 世纪初,最早的财务分析主要是为银行的信用分析服务的。南北战争之后,美国出现了修建铁路的高潮,经济一度繁荣,垄断资本形成,发展到垄断阶段(即帝国主义阶段)。垄断不能消除竞争,反而会激化竞争。竞争需要资金作为基础,于是企业纷纷向银行申请贷款。在产业资本的推动下,银行信贷业务也就迅速发展起来,而金融业的发展又为产业资本提供了更为理想的融资环境。在这种互动过程中,银行面临越来越多的资金需求者以及更为强大的资金需求量。银行在决定是否向企业发放贷款时,最关心的问题是申请贷款的企业能否按时还本付息。为确保债权权益,尽量避免放贷风险,银行逐渐感到以前只将企业经营者的个人信用、对企业经营状况的主观判断和经验估测作为放贷依据是不可靠的。于是,在决定放贷之前,银行要求企业提供财务报表,对企业进行信用调查和分析，借以判断企业的偿债能力，这样就产生了财务分析。

银行在进行财务分析时发挥了特有的洞察力，对贷款企业的发展前途以及在本行业的地位与经营状况做出了较准确的判断。因此，银行的这种分析结果不但为银行本身所利用，而且引起了其他投资股东的兴趣，他们往往将银行对企业的评价作为自己进行决策的参考。此外，企业之间在进行交易往来时，也很自然地借用银行分析的结论，作为对对方企业实施经营方针的借鉴。银行对企业进行财务分析的重要作用越来越为人们所认识，各银行纷纷开办专门的经营咨询机构，通过财务分析资料和其他调查资料，对企业及其他有关单位和个人的经营决策提供咨询服务和业务指导。

随着社会生产实践活动内容的日益丰富和经验的不断积累，财务分析从金融机构在发放贷款时观察借款企业偿还能力的手段，发展到对大量从业资源和战争赔款进行分析的技术。于是，财务分析由信用分析阶段进入投资分析阶段，其主要任务从稳定性分析过渡到收益性分析，这是非常重要的变化。此时，企业由被动接受银行分析过渡到主动进行自我分析，促使"财务分析"成为一门新兴的学科，极大地推动了财务分析的发展。西方发达国家认识到财务报表和财务分析的重要性，其财务分析理论和技术进步很快，"财务分析"已发展成为一门相对独立的应用科学。

财务分析的产生与发展是社会经济发展对财务分析信息需求与供给共同作用的结果。会计技术与会计报表的发展为财务分析的产生与发展奠定了理论基础。财务分析的基础是财务报表，财务报表的基础是会计技术。也就是说，会计技术的发展决定着财务分析的产生与发展。会计技术的发展可分为四个阶段：会计凭证、会计账簿、会计报表、财务报表解释。这四个阶段都是为财务分析做准备的。财务分析的目的是为报表使用者提供经营管理信息。

（2）企业财务分析的发展

企业的财务报告是随着财务环境的变化而不断改进的，并根据使用者日益增长的需要做了若干创新。迄今为止，使用者对财务报告的有用性是不满意的。有人对财务报告的有用性似乎在加速地降低而表示担忧。早在1975年，英国会计准则筹划委员会（ASSC）发表的"公司报告"、1991年英格兰和威尔士特许会计师协会（ICAEW）和国际会计合作委员会（ICAC）联合发表的"财务报告的未来模型"，就先后深刻、全面地揭示了现行财务报告的缺点。1994年，美国注册会计师协会（AICPA）在《改进企业报告——面向报告用户》中也指出了现行财务报告的不足并提出了改进意见。

企业财务环境的发展变化使得要求变革现有财务报告的呼声越来越高,尽管这些呼声多半来自会计学术界,但也有不少来自会计信息的使用者。改进财务报告的建议众说纷纭,莫衷一是,其中最引人注意的是美国注册会计师协会财务报告特别委员会发表的《改进财务报告——面向用户》(*Improving Business Reporting A Custom Focus*)和 M. 沃尔曼(M. Wallman)的《财务会计与报告的未来:彩色报告方法》,由索特的事项会计发展而来的事项式报告也成为未来财务报告的发展方向之一。理论界对未来财务报告的种种预测,部分弥补了传统财务报告的缺陷和不足,对财务报告的发展具有重要的意义,但因其片面性和局限性,不能从根本上解决传统财务报告存在和面临的问题。尽管财务报告存在着种种不足,在经济发展的快速推动下,以财务报告为基础的财务分析体系还是取得了相当程度的进步。21 世纪财务分析创新主要表现在两个方面:一是进一步拓展了传统的财务分析指标体系;二是对知识资本等无形资产的财务评价的比重增加。

财务分析在西方已经产生并发展了近百年的时间,但在我国才只有几十年的历史。我国财务分析思想出现较晚,而且真正开展财务分析工作还是在 20 世纪初。当时中国的一些外国洋行和金融资本家开始分析企业的经营效益和偿债能力,但很少根据会计核算数据进行较为全面的分析。新中国成立后,我国一直把财务分析作为企业经济活动分析的一部分,但在计划经济体制下,其根本任务是分析企业各项计划的完成情况,财务分析在经济活动分析中的地位未受到重视。改革开放以来,财务分析受到越来越多企业利益相关者的重视,不仅经济活动分析中的财务分析内容得到了充实,财务管理和管理会计学等学科中也增加了财务分析的内容。财务分析仅仅是这些学科体系的一部分,直至 20 世纪 90 年代,我国仍未建立完整的、独立的、适应我国市场经济体系和现代企业制度需要的财务分析课程体系。因此,建立独立的财务分析学科体系是我国经济发展的客观需要。

3. 财务分析的步骤与原则

(1) 财务分析的一般步骤

财务分析的内容是非常广泛的,不同的人、不同的目的、不同的数据范围,应采用不同的方法。财务分析不是一种有固定程序的工作,不存在唯一的通用分析程序,而是一个研究和探索的过程。分析的具体步骤和程序,是根据分析目的、一般分析方法和特定分析对象,由分析人员个别设计的。财务分析的一般步骤:首先,明确分析目的;其次,收集有关的信息;再次,深入研究各部分的特殊本质,并进一步研究各部分的联系;最后,解释结果,并提供对决策有帮助的信息。

（2）财务分析的原则

一是要从实际出发，坚持实事求是，反对主观臆断和搞数字游戏。二是要全面地看问题，兼顾成功经验与失败教训、有利因素与不利因素、主观因素与客观因素、经济问题与技术问题、外部问题与内部问题等。三是要注重事物的联系，注意局部与全局的关系、偿债能力与盈利能力的关系、报酬与风险的关系等。四是要发展地看问题，注意过去、现在和将来的关系。五是要做到定量分析与定性分析相结合，坚持以定量分析为主。定性分析是分析的基础和前提，没有定性分析就弄不清本质、趋势、与其他事物的联系；定量分析是分析的工具和手段，没有定量分析就弄不清数量界限、阶段性和特殊性。财务分析要透过数字看本质，没有数字就得不出结论。

4. 财务分析的内容与意义

（1）企业财务分析的内容

财务分析的依据，主要是企业编制的会计报表。由于企业会计报表的使用者进行财务分析的目的各不相同，其分析内容应由分析的目的所决定。

①投资人分析的内容。所有者或股东作为投资人，如果其分析的目的是决定是否进行投资，其分析内容是企业的资产和营利能力；如果目的是决定是否转让股份，其分析内容是盈利状况、股价变动和发展前景；如果目的是考察经营者业绩，其分析内容是资产盈利水平、破产风险和竞争能力；如果目的是决定股利分配政策，其分析内容是筹资状况。

②债权人分析的内容。因为债权人不能参与企业剩余收益的分配，所以债权人必须首先对其贷款的安全性予以关注。如果债权人分析的目的是决定是否给企业贷款，其分析内容是贷款的报酬和风险；如果目的是了解债务人的短期偿债能力，其分析内容是流动资金状况；如果目的是了解债务人的长期偿债能力，其分析内容是盈利状况；如果目的是决定是否出让债权，其分析内容是评价其价值。

③经理人员分析的内容。为了改善财务决策，满足不同利益主体的需要，协调各方面的利益关系，企业经营者必须对企业经营管理的各个方面，即外部使用财务报表的人所关心的所有问题进行分析。

一是供应商分析的内容：供应商对财务报表进行分析，意在决定是否与购货方长期合作和是否延长付款期。通过分析，供应商能够了解购货方的信用状况。

二是政府有关部门分析的内容：政府对国有企业进行投资，除关注投资所产生的社会效益外，必须对投资的经济效益予以考虑，在谋求资本保全的前提下，期望能够带来稳定增长的财政收入。政府经济管理机构分析的目的是了解企业纳税情况、遵守政府法规、市场秩序、职工收入、就业状况，其分析内容应包括资金占用的使用效率和对社会的贡献程度。

尽管不同利益主体进行财务分析时有着各自的侧重点，但就企业总体来看，财务分析的内容可以归纳为四个方面：偿债能力分析、营运能力分析、营利能力分析和发展能力分析。其中偿债能力是实现财务目标的稳健性保证；营运能力是实现财务目标的物质基础；营利能力与发展能力既是营运能力与偿债能力共同作用的结果，同时也对增强营运能力与偿债能力起着推动作用。四者相辅相成，构成企业财务分析的基本内容。而财务综合分析可以全面分析企业的财务状况、经营成果以及未来的发展趋势。

（2）财务分析的意义

财务分析以企业财务报告反映的财务指标为主要依据，对企业的财务状况和经营成果进行评价和剖析，以反映企业在运营过程中的利益得失、财务状况及发展趋势，为改进企业财务管理工作和优化经营决策提供重要的财务信息。财务分析是一项科学的、复杂细致的管理工作，它是对企业一定期间的财务活动的总结，为企业下一步的财务预测和财务决策提供依据。

开展财务分析具有以下重要的意义。

①有利于企业经营管理者进行经营决策和改善经营管理。社会主义市场经济既为企业之间的平等竞争创造了有利条件，也给企业的生产经营带来风险。复杂的经营环境要求企业的经营管理者不仅要广泛、准确地了解社会信息，而且要全面、客观地掌握本企业的具体情况。只有这样，企业的经营管理者才能运筹帷幄，无往而不胜。评价企业财务状况、经营成果及变动趋势，揭示企业内部各项工作出现的差异及其产生的原因，是帮助企业经营管理者掌握本企业实际情况的重要方法，它对于开展企业经营决策和改善企业经营管理具有重要意义。

②有利于投资者做出投资决策和债权人制定信用政策。企业的财务状况和经营成果好坏，不仅是企业经营管理者需要掌握的，而且是企业投资者、债权人十分关心的，它直接关系到投资者和债权人的利益。投资者为了提高投资收益，减少投资风险，就需要正确进行投资决策；债权人为了及时收回贷款或收取应收账款，减少呆账或坏账损失，就需要制定正确的信用政策。因此，投资者、债权人对有关企业的营利能力、偿债能力、营运能力及发展趋势，必须深入了解，这就要求对企业的财务报告进行深入的考察和分析，以确定最佳投资目标或制定最佳信用政策。

③有利于国家财税机关等政府部门加强税收征管工作和进行宏观调控。国家财政收入主要来自企业上缴的税收。为了保证国家财政收入，国家财税机关必须改善和加强对税收的征收管理工作，一方面要促进企业改进生产经营管理，增加企业收益；另一方面要监督企业遵纪守法，保证税收及时、足额纳入国库。另外，为了保证社会主义市场经济的稳定发展，国家财税机关等政府部门必须制定宏观调控措施，规范企业的生产经营行为。无论是加强税收的征收管理，还是制定宏观调控措施，都有必要进行财务分析，全面、深入地掌握企业的财务状况、经营成果及变动趋势。

（二）提升财务分析在企业财务管理当中作用的策略

1. 构建企业财务指标综合分析系统

对企业财务情况进行编写，能够更好地了解企业经营情况和对企业今后情况进行预测。所以，应不断对财务分析和经营管理的关系进行明确，进而找到影响企业发展的重要因素，给企业管理人员带来科学的参考资料。除此之外，企业还需要对企业财务指标综合分析系统的构建进行重视，对有关分析办法进行更新，不断健全企业财务指标以及构建企业财务指标综合分析系统。除此之外，财务分析有关人员还需要收集更多的资料，更加灵活地应用各类财务分析方法。

2. 加强企业各种信息共享中心的建设

在对财务进行分析的过程中，企业财务人员需要关注现代化信息技术，促进企业财务信息以及业务信息之间的沟通和交流。在这个过程当中，不仅仅需要构建信息共享中心，还需要完善企业信息数据库，进而便于财务人员得出企业相关信息。在对企业财务情况和业务信息进行全方位分析后，进行全方位财务分析，最终提高企业分析财务信息的预测水平，让企业领导层为企业健康发展做出准确的决定。

3. 引进多样化的财务分析形式

企业财务分析不但需要从会计角度上进行考虑，而且需要在企业决策人员方面进行充分考虑，通过决策人员可以理解的文字以及表达方法来对财务分析结果进行体现，而不是通过会计人员的专业语言来体现。在会计分析时，要丰富财务分析体现形式，例如，财务会计人员可以通过柱状图以及饼状图等方法来对图画进行插入，进而让财务分析更加简洁直观，提升财务分析的有效性，最终给企业决策人员带来强有力的决策参考。

4. 科学使用企业现金流的指标

企业在进行财务管理时,通过应用企业现金流量能够表现出财务情况。除此之外,也可以通过对比现金流量和企业利润,对现金流以及亏损收益情况进行有效关联。在企业短期负债安全性问题上,还需要合理应用现金的流动比率,重点分析企业流动性资产结构和质量。

二、传统企业筹资、投资管理

(一)传统企业筹资管理

企业资金的筹集是根据企业生产经营活动、对外投资和调整资本结构的需要,通过一定的筹集渠道和资金市场,运用一定的筹资方式,经济有效地筹措和集中资金。企业的筹资活动,有其自己的目的和动机,并遵循筹资的基本要求,按一定的程序进行。

1. 企业筹资的动机

企业筹资的基本目的是发展自身,但在不同时期或不同阶段,其具体的财务目标不同,企业为实现其财务目标而进行的筹资的动机也不尽相同,如为提高技术水平购置新的设备而筹资、为研发新产品而筹资、为对外投资活动而筹资、为解决资金周转的需求而筹资等。有时筹资动机是单一的,有时是复合的,归纳起来表现为五种筹资动机。

(1)设立性筹资动机

设立性筹资动机是指企业设立时,为取得资本金并满足开展经营活动的基本条件而产生的筹资动机。我国有关法律规定,设立企业时必须拥有法定的、不低于规定限额的资本金,否则国家工商管理部门不允许企业设立登记。企业在建立时,根据生产经营规模核定固定资金需求量和流动资金需求量,同时筹措相应数额的资金。资本金是企业设立时筹集资金的最主要的方式,资本金不足的部分可以通过债务筹资的方式获得资金。根据《公司法》的规定,除法律、行政法规对公司注册资本的最低限额另有较高规定外,有限责任公司的注册资本最低限额为人民币3万元,股份有限公司的注册资本最低限额为人民币500万元。

(2)支付性筹资动机

支付性筹资动机是指企业为满足经营业务活动的正常波动所形成的支付需要而产生的筹资动机。企业在开展日常生产经营的过程中,经常出现超出维持正常经营活动的资金需求,这类资金需求往往是临时性的、季节性的交易支付所产生的，如原材料购买时的大额支付、银行借款的提前偿还、股东股利集中发放等。这些情况就要求企业除了正常经营活动的资金投入外，还需要通过临时性筹资来满足经营活动的正常波动需求，维持企业的支付能力。

（3）扩张性筹资动机

扩张性筹资动机是指企业因扩大经营规模或对外投资需要而产生的筹资动机。具有良好前景、处于成长期的企业往往会产生扩张性筹资动机。一方面，企业需要不断扩大生产经营规模、更新设备、改进技术、合理调整生产结构，大力提高产品的质量，积极开发新产品，从而增加销量和提高收入，这些都是以资金的不断投放作为保证的。另一方面，扩大对外投资规模，开拓有发展前途的对外投资领域，从而获得更高的投资收益，同样需要资金的不断投放。

（4）调整性筹资动机

调整性筹资动机是指企业因调整资本结构而产生的筹资动机。资本结构是指各种资本的构成及其比例关系。企业产生调整性筹资动机一般有两个原因：一是优化资本结构，合理利用财务杠杆效应。例如，企业债务资本过高，有较大的财务风险，可以通过筹资增加股权来降低债务。二是偿还到期债务，债务结构内部调整。例如，企业流动性负债比例过高，可以通过举债长期债务来偿还部分短期债务。又如一些债务即将到期，但是企业没有足够的偿还能力，为了保持现有资本结构，可以通过举债新债务以偿还旧债。调整性筹资动机的目的是调整资本结构，而非追加资金，此类筹资通常不会增加企业的资本总额，主要形式包括借新债还旧债、以债转股、以股抵债。

（5）混合性筹资动机

企业筹资的目的可能不是单纯和唯一的，有时既需要为了扩大经营而增加长期资金，又需要改变原有的资本结构，这类情况可以归为混合性筹资动机。如企业对外产权投资需要大量资金，其资金通过增加长期贷款或发行公司债券解决，这种情况既扩张了企业规模，企业的资本结构又发生了较大的变化。因此，混合性筹资动机兼具了扩张性筹资动机和调整性筹资动机的特性。

2. 企业筹资的要求

企业筹集资金的基本要求是研究影响筹资的多种因素，讲求资金筹集的综合经济效益，具体要求如下。

（1）合理确定资金需要，提高筹资效果

企业生产经营活动所需要的资金，有合理的数量界限。资金不足会影响企业的生产经营活动,资金多余又会造成资金浪费。只有有合理的数量界限,才能使资金的筹集量和需要量达到平衡,从而产生较好的经济效益。要确定合理的资金需要量,首先要对资金需要进行预测。通过科学预测,了解哪些环节需要资金、需要多少,从而合理确定筹集资金数额。

(2)周密研究投资方向,提高投资效果

投资是决定是否筹资、筹资多少的主要因素。投资收益与资金成本相权衡,决定着是否要筹资,而投资数量则决定着筹资数量。因此,必须确定资金投向,这决定是否筹资以及筹集数量,能够避免不顾投资效果的盲目筹资。

(3)认真选择筹资渠道,力求降低资金成本

企业筹集资金的渠道和方式多种多样,不论采用何种筹集渠道和方式都要付出一定的代价,即资金占用费和资金筹集费。不同筹集渠道的方式的筹集代价各不相同,而且取得资金的难易程度也不一样。因此,要综合考察各种筹资方式,研究各种资金的来源,求得最优的筹资组合,以便降低资金成本。

(4)适时取得资金,合理安排资本结构

资金的筹集要按资金的投放时间来合理安排,避免取得资金过早或过迟造成资金的闲置或投放滞后,从而贻误投放的有利时机。企业的资本一般由自有资本和借入资本构成。企业进行负债经营,由于借款利息可在所得税前列入成本,对企业净利润的影响较小,因而可以提高自有资金利润率。负债的多少要与自有资本和偿债能力相适应,既要防止负债过多导致财务风险过大,偿债能力过低,又要有效地利用负债经营,提高自有资金的收益水平。

(5)遵守国家有关法规,维护各方合法权益

企业的筹资活动,影响着社会资金的流向和流量,涉及各方的经济权益,因此,必须接受国家宏观指导与控制,遵守国家有关法律法规,遵循公开、公平、公正的原则,履行自身责任,维护各方的合法权益。

3. 企业筹资的原则

在企业筹资活动中,为了使筹集资金的方法更加经济有效,除了要分析影响筹资的各种因素,权衡资金的性质、数量、成本和风险,合理选择筹资方式之外,还应当遵循以下原则。

(1)筹措合法原则

企业的筹资活动影响着社会资金的流向和流量,涉及各方的经济权益。因此,

企业筹资行为和筹资活动必须遵循国家的相关法律法规，依法履行法律法规和投资合同约定的责任，合法合规筹资，维护各方的合法权益。

（2）规模适当原则

不论通过什么渠道、采用什么方式筹集资金，企业都应该根据其生产经营及发展的需要，合理预测资金的需求量，使筹资量与需求量相互平衡，既要避免因筹资不足，影响生产经营的正常进行，又要防止筹资过多，造成资金闲置。

（3）取得及时原则

企业筹集资金还需要合理预测需要资金的时间。要根据资金需求的具体情况，合理安排筹集资金的时间，使筹资与用资在时间上相衔接。既要避免过早筹集资金形成的资金投放前的闲置，又要防止取得资金的时间滞后，错过资金投放的最佳时机。

（4）来源经济原则

企业筹集资金都要付出资本成本的代价，不同的筹资渠道和方式所取得的资金，其资本成本各有差异。企业应当在考虑筹资难易程度的基础上，认真选择筹资渠道，并选择经济、可行的筹资方式，力求降低筹资成本。

（5）结构合理原则

企业的资本一般由权益资本和债务资本构成。企业筹资管理要综合考虑股权资金和债务资金的关系、长期资金与短期资金的关系、内部筹资与外部筹资的关系，合理安排资本结构，保持适当的偿债能力，防范企业发生财务危机。

4. 企业筹资的渠道

企业筹集资金的渠道是指筹措资金的方向与通道。我国企业筹集资金的渠道可归纳为以下几种。

（1）国家财政投资

国家对企业的投资历来是国有企业的主要资金来源，特别是国有独资企业，其资本全部由国家投资构成。现有的国有企业，包括国有独资公司，仍然是政府通过中央和地方财政部门以拨款的方式进行投资的。从产权关系上看，它们都属于国家投入资金，产权归国家所有。

（2）银行信贷资金

银行对企业的贷款是企业最为重要的资金来源。银行主要为企业提供各种商业贷款，它是以盈利为目的、从事信贷资金投放的金融机构。银行拥有单位存款、居民储蓄等经常性的资金来源，且贷款方式灵活多样，可以适应各类企业资金筹集的需要。

（3）非银行金融机构资金

非银行金融机构提供各种金融服务，主要包括信贷资金投放、企业承销证券、物资的融通等。非银行金融机构具有不同的资金来源，通过不同的方式将资金借贷给企业。非银行金融机构的财力虽然要小于银行，但是，随着外汇市场、货币市场和资本市场等金融市场的建立和发展，非银行金融机构具有广阔的发展前景，而且可以预见在不远的将来，可以成为企业筹集资金的有力支撑。

（4）其他企业投入资金

企业在生产经营过程中，经常有部分暂时闲置资金，为获利而进行相互投资，可在企业间相互调剂使用。还有企业通过商业信用方式完成购销业务，从而形成企业间的债权、债务关系。企业间的相互投资和商业信用的存在，使得其他企业资金成为本企业资金的重要来源，这种资金渠道具有很强的生命力。

（5）社会公众资金

企业员工和公众个人投资，都属于个人资金渠道。集中社会力量解决企业资金来源不足的问题，是具有发展前景的企业筹资渠道。随着市场经济的发展与完善，这部分资金在企业资金来源中也会占有越来越重要的地位。

（6）企业内部形成的资金

企业内部形成的资金是指企业从税后利润中提取的公积金及未分配利润等。这些资金的重要特征之一，是不需要企业通过一定的方式去筹集，而直接由企业内部自动生成或转移。这类资金形成于企业内部，比较便捷，同时风险较低。

（7）国外资金

在对外开放的条件下，国外投资者持有的资金也可以加以吸收。这部分资金的筹集可以通过直接筹资与间接筹资实现。

由于各种筹资渠道在资金供应量方面存在着较大差异，有些渠道资金供应量少，有些渠道资金供应量多。企业应根据生产经营活动的需要，选择适当的资金供应渠道，同时尽可能保证资金供应量充足，供应条件有利，便于筹集。

5. 企业筹资的方式

（1）股权筹资、债务筹资及衍生工具筹资

按企业所取得资金的权益特性划分，企业筹资分为股权筹资、债务筹资及衍生工具筹资三类，这也是企业筹资方式最常见的分类方法。

股权筹资形成股权资本，是企业依法长期拥有、能够自主调配运用的资本。股权资本在企业持续经营期间内，投资者不得抽回，因而也称为企业的自有资本、主权资本或股东权益资本。股权资本是企业从事生产经营活动和偿还债务的本钱，是代表企业基本资信状况的一个主要指标。企业的股权资本通过吸收直接投资、发行股票、内部积累等方式取得。股权资本由于一般不用还本，形成了企业的永久性资本，因而财务风险小，但付出的资本成本相对较高。

债务筹资，是企业通过借款、发行债券、融资租赁以及赊销商品或服务等方式取得的资金。由于债务筹资到期要归还本金和支付利息，对企业的经营状况不承担责任，因而具有较大的财务风险，但付出的资本成本相对较低。从经济意义上来说，债务筹资也是债权人对企业的一种投资，也要依法享有企业使用债务所取得的经济利益，因而也可以称之为债权人权益。

衍生工具筹资包括兼具股权与债务特性的混合融资和其他衍生工具融资。我国上市公司目前最常见的混合融资是可转换债券融资，最常见的其他衍生工具融资是认股权证融资。

（2）直接筹资与间接筹资

按是否以金融机构为媒介划分，企业筹资可分为直接筹资和间接筹资两种类型。

直接筹资是企业直接与资金供应者协商融通资本的一种筹资活动。直接筹资方式主要有吸收直接投资、发行股票、发行债券等。直接筹资既可以筹集股权资金，也可以筹集债务资金。我国相关法律规定，公司股票、公司债券等有价证券的发行需要通过证券公司等中介机构进行，但证券公司所起到的只是承销的作用，资金拥有者并未向证券公司让渡资金使用权，因此发行股票、债券属于直接向社会筹资。

间接筹资是企业借助银行等金融机构融通资本的筹资活动。在间接筹资方式下，银行等金融机构发挥了中介的作用，预先集聚资金，资金拥有者首先向银行等金融机构让渡资金的使用权，然后由银行等金融机构将资金提供给企业。间接筹资的基本方式是向银行借款，此外还有融资租赁等筹资方式，间接筹资形成的主要是债务资金，主要用于满足企业资金周转的需要。

（3）内部筹资与外部筹资

按资金的来源划分，企业筹资可分为内部筹资和外部筹资两种类型。

内部筹资是指企业通过利润留存而形成的筹资渠道。内部筹资数额的大小主要取决于企业可分配利润的多少和利润分配政策（股利政策），一般无须花费筹资费用，从而降低了资本成本。

外部筹资是指企业向外部筹措资金而形成的筹资渠道。处于初创期的企业，内部筹资的可能性是有限的；处于成长期的企业，内部筹资往往难以满足需要。这就需要企业广泛地开展外部筹资，如发行股票、债券，取得商业信用、向银行借款等。企业向外部筹资大多需要花费一定的筹资费用，从而提高了筹资成本。

因此，企业筹资时首先应利用内部筹资，然后再考虑外部筹资。

（4）长期筹资与短期筹资

按所筹集资金的使用期限划分，企业筹资可分为长期筹资和短期筹资两种类型。

长期筹资是指企业筹集使用期限在一年以上的资金的活动。长期筹资的目的主要在于更新企业的生产和经营能力，或扩大企业的生产经营规模，或为对外投资筹集资金。长期筹资通常采取吸收直接投资、发行股票、发行债券、取得长期借款、融资租赁等方式，所筹集的长期资金主要用于购买固定资产、形成无形资产、进行对外长期投资、垫付流动资金、产品和技术研发等。从资金权益性质来看，长期资金可以是股权资金，也可以是债务资金。

短期筹资是指企业筹集使用期限在一年以内的资金的活动。短期资金主要用于企业的流动资产和日常资金周转，一般需要在短期内偿还。短期资金经常通过商业信用、短期借款、保理业务等方式来筹集。

6. 企业筹资管理的内容

筹资管理可以解决企业为什么要筹资、需要筹集多少资金、从什么渠道以什么方式筹集，以及如何协调财务风险和资本成本，合理安排资本结构等问题。

（1）科学预计资金需要量

资金是企业设立、生存和发展的财务保障，是企业开展生产经营业务活动的基本前提。在正常情况下，企业的资金需求可分为两类：满足经营运转的资金需要和满足投资发展的资金需要。企业在创立时，要按照规划的生产经营规模，核定长期资本需要量和流动资金需要量；企业在正常营运时，要根据年度经营计划和资金周转水平，核定维持营业活动的日常资金需求量；企业在扩张发展时，要根据生产经营扩张规模或对外投资对大额资金的需求，安排专项的资金。

（2）降低资本成本、控制财务风险

资本成本是企业筹集和使用资金所付出的代价，包括资金筹集费用和资金使用费用。在筹资过程中，会发生股票发行费、借款手续费、公证费等费用，这些属于资金筹集费用。在企业生产经营和对外投资活动中，会发生利息支出、股息支出、融资租赁等费用，这些属于资金使用费用。

一般来说，债务资金比股权资金的资本成本要低。即使同是债务资金，由于借款、债券和租赁的性质不同，其资本成本也有差异。企业在筹资管理中，要合理利用资本成本较低的资金，努力降低企业的资本成本率。

财务风险是指企业无法如期足额偿付到期债务的本金和利息、支付股东股利的风险。企业在筹集资金、降低资本成本的同时，要充分考虑财务风险，防范企业破产的财务危机。

（二）传统企业投资管理

1. 投资管理概述

投资，广义地讲，是指特定经济主体（包括政府、企业和个人）以本金回收并获利为基本目的，将货币、实物资产等作为资本投放于某一个具体对象，以在未来较长期间内获取预期经济利益的经济行为。企业投资，简言之，是企业为获取未来长期收益而向一定对象投放资金的经济行为。例如，购买厂房设备、兴建电站、购买股票债券等经济行为，均属于投资行为。

（1）企业投资的意义

企业需要通过投资配置资产，才能形成生产能力，取得未来的经济利益。

①投资是企业生存与发展的基本前提。企业的生产经营，就是企业资产的运用和资产形态的转换过程。投资是一种资本性支出的行为，通过投资支出，企业构建流动资产和长期资产，形成生产条件和生产能力。实际上，不论是新建一个企业，还是建造一条生产流水线，都是投资行为。通过投资，确立企业的经营方向、配置企业的各类资产，并将它们有机地结合起来，形成企业的综合生产经营能力。企业想要进军一个新兴行业或者开发一种新产品，都需要先行进行投资。因此，投资决策的正确与否，直接关系到企业的兴衰成败。

②投资是获取利润的前提。企业投资的目的，是通过预先垫付一定数量的货币或实物形态的资本，购买和配置形成企业的各类资产，从事某类经营活动，获取未来的经济利益。通过投资形成了生产经营能力，企业才能开展具体的经营活动，获取经营利润。那些以购买股票、证券等有价证券的方式向其他单位进行的投资，可以通过取得股利或债息来获取投资利益，也可以通过转让证券来获取资本利益。

③投资是企业风险控制的重要手段。企业的经营面临着各种风险，有来自市场竞争的风险，有资金周转的风险，还有原材料涨价、成本提高的风险。投资是企业风险控制的重要手段，通过投资，可以将资金投向企业生产经营的薄弱环节，

使企业的生产经营能力得到提高；通过投资，可以实现多元化经营，将资金投放于经营程度较低的不同产品或不同行业，分散风险，稳定收益来源，降低资产的流动性风险、变现风险，增强资产的安全性。

（2）企业投资管理的特点

企业的投资活动与经营活动是不相同的，投资活动的结果对企业在经济利益上有较长期的影响。企业投资涉及的资金多、经历的时间长，对企业未来的财务状况和经营活动都有较大的影响。与日常经营活动相比，企业的投资活动的主要特点有以下几个。

①属于企业的战略性决策。企业的投资活动一般涉及企业未来的经营发展方向、生产规模等问题，如厂房设备的新建与更新、新产品的研制与开发、对其他企业的股权控制等。

劳动力、劳动资料和劳动对象，是企业的生产要素，是企业进行经营活动的前提条件。企业投资主要涉及劳动资料，包括生产经营所需的固定资产的购买、无形资产的获取等。企业投资的对象也可能是生产要素综合体，即对另一个企业股权的取得和控制。这些投资活动，直接影响本企业未来的经营发展模式和方向，是企业简单再生产得以顺利进行并实现扩大再生产的前提条件。企业的投资活动先于经营活动，这些投资活动往往需要一次性地投入大量的资金，并在一段较长的时期内发生作用，对企业经营活动的方向有着重大影响。

②属于企业的非程序化管理。企业有些经济活动是日常重复性进行的，如原材料的购买、人工的雇用、产品的生产制造、产品的销售等，称为日常的例行性活动。这类活动经常性地重复发生，有一定的规律，可以按既定的程序和步骤进行。对这类重复性日常经营活动进行的管理，称为程序化管理。企业有些经济活动往往不会经常性地重复出现，如新产品的开发、设备的更新、企业兼并等，称为非例行性活动。非例行性活动只能针对具体问题，按特定的影响因素、相关条件和具体要求来进行审查和抉择。对这类非重复性特定经济活动进行的管理，称为非程序化管理。

企业的投资项目涉及的资金数额较大，不仅涉及投资问题，而且涉及资金筹集问题，特别是对设备的购买、对其他关联企业的并购等，需要大量的资金。对于一个产品制造或商品流通的实体性企业来说，这种筹资和投资不会经常发生。

企业的投资项目影响的时间较长。这些投资项目实施后，将影响企业的生产条件和生产能力，这些生产条件和生产能力将在企业多个经营周期内直接发挥作用，也将间接影响日常经营活动中流动资产的配置与分布。

企业的投资活动涉及企业的未来经营发展方向和规模等重大问题，是不经常发生的。投资经济活动具有一次性和独特性的特点，投资管理属于非程序化管理。每一次投资的背景、特点、要求等都不一样，无明显的规律可遵循，管理时更需要周密思考，慎重考虑。

③投资价值的波动性大。投资项目的价值是由投资的标的物资产的内在获利能力决定的。这些标的物资产的形态是不断转换的，未来收益的获得具有较强的不确定性，其价值也具有较强的波动性。同时，各种外部因素，如市场利率、物价等的变化，也时刻影响着投资标的物的资产价值。因此，企业进行投资管理决策时，要充分考虑投资项目的时间价值和风险价值。企业投资项目的变现能力是不强的，因此其投放的标的物大多是机器设备等变现能力较差的长期资产，这些资产的持有目的也不是变现，并不准备在一年或超过一年的营业周期内变现。因此，投资项目的价值也是不易确定的。

（3）企业投资管理的原则

为了适应投资项目的特点和要求，实现投资管理的目标，做出合理的投资决策，需要遵循投资管理的基本原则，以保证投资活动的顺利进行。

①可行性分析原则。投资项目的金额大，资金占用时间长，投资后具有不可逆转性，对企业的财务状况和经营前景影响重大。因此，在进行投资决策之时，必须建立严格的投资决策程序，进行科学的可行性分析。

项目可行性分析是指对项目实施后未来的运行和发展前景进行预测，通过定性分析和定量分析比较项目的优劣，为投资决策提供参考。投资项目可行性分析是投资管理的重要组成部分，其主要任务是对投资项目实施的可行性进行科学的论证，主要包括环境可行性、技术可行性、市场可行性、财务可行性等方面。

第一，环境可行性。要求投资项目对环境的不利影响最小，并能带来有利影响，包括对自然环境、社会环境和生态环境的影响。国家、社会等对环境影响度要求有明确规定。建设项目的环境影响报告书应当包括下列内容：建设项目概况，建设项目周围环境现状，建设项目可能对环境造成的影响的分析、预测和评估，建设项目环境保护措施及其技术、经济论证，建设项目对环境影响的经济损益分析，对建设项目实施环境监测的建议。

建设项目的环境影响评价属于否决性指标，凡未开展或没通过环境影响评价的建设项目，不论其经济可行性和财务可行性如何，一律不得进行。

第二，技术可行性。要求投资项目形成的生产经营能力，应具有技术上的适应性和先进性，包括工艺、装备、地址等。

第三，市场可行性。要求投资项目形成的产品能够被市场接受，具有市场占有率，进而带来经济上的效益性。

第四，财务可行性。要求投资项目在经济上具有效益性，这种效益性是明显的和长期的。财务可行性分析是投资项目可行性分析的主要内容，因为投资项目的根本目的是获得经济效益，市场可行性和技术可行性的落脚点也是经济效益，项目实施后的业绩绝大部分表现在价值化的财务指标上。财务可行性是在相关的环境、技术、市场可行性完成的前提下，着重围绕技术可行性和市场可行性而开展的专门经济性评价，同时，一般也包含资金筹集的可行性。财务可行性分析的主要内容包括对收入、费用和利润等经营成果指标的分析，对资产、负债、所有者权益等财务状况指标的分析，对资金筹集和配置的分析，对资金流转和回收等资金运行过程的分析，对项目现金流量、净现值、内含报酬率等项目经济性效益指标的分析，对项目收益与风险关系的分析等。

②结构平衡原则。由于投资往往是一个综合性的项目，不仅涉及固定资产等生产能力和生产条件的构建，而且涉及使生产能力和生产条件正常发挥作用所需要的流动资产的配置。同时，由于受资金来源的限制，投资也常常会遇到资金需求超过资金供给的矛盾。如何合理配置资源，使有限的资金发挥最大的效用，是投资管理中资金投放所面临的重要问题。资金既要投放于主要生产设备，又要投放于辅助设备；既要满足长期资产的需要，又要满足流动资产的需要。投资项目在资金投放时须遵循结构平衡的原则，合理分布资金，具体包括固定资金与流动资金的配套关系、生产能力与经营规模的平衡关系、资金来源与资金运用的匹配关系、投资进度和资金供应的协调关系、流动资产内部的资产结构关系、发展性投资与维持性投资的配合关系、对内投资与对外投资的顺序关系、直接投资与间接投资的分布关系等。

投资项目实施后，资金就较长期地固化在具体项目上，退出和转向都不太容易。只有遵循结构平衡原则，投资项目实施后才能正常顺利地运行，才能避免资源的闲置和浪费。

③动态监控原则。投资的动态监控是指对投资项目实施过程中的进程进行控制，特别是对于那些工程量大、工期长的建造项目来说，需要有一个具体的投资过程，按工程预算实施有效的动态投资控制。

投资项目的工程预算，是对总投资中各工程项目以及所包含的分步工程和单位工程造价规划的财务计划。建设性投资项目应当按工程进度，对分项工程、分步工程、单位工程的完成情况，逐步进行资金拨付和资金结算，控制工程的资金耗费，防止资金浪费。在项目建设完工后，通过工程决算，全面清点所涉及的资产数额和种类，分析工程造价的合理性，合理确定工程资产的账面价值。

对于间接投资特别是证券投资而言，投资前首先须认真分析投资对象的投资价值，根据风险与收益相均衡的原则合理选择投资对象。在持有金融资产的过程中，须广泛收集投资对象和资本市场的相关信息，全面了解被投资单位的财务状况和经营成果，保护自身的投资权益。有价证券类的金融资产投资，其投资价值不仅由被投资对象的经营业绩决定，还受资本市场的制约。这就需要分析资本市场上资本的供求状况，预计市场利率的波动和变化趋势，动态地估算投资价值，寻找转让证券资产和收回投资的最佳时机。

2. 对内投资管理

对内投资包括企业内部的短期投资和长期投资。短期投资又称流动资产投资，是指对本企业投入的在一年内能够收回的投资，主要包括现金、原材料、工人工资等。长期投资是在一年以后才能收回的投资，包括厂房、设备、土地使用权、商标、专利等。

（1）对内长期投资管理

①固定资产投资管理。企业在生产经营中，凡是使用年限在一年以上，单位价值在规定的标准以上，并在使用过程中保持原有物质形态的资产即为固定资产，主要有厂房、机械设备、建筑物等。

固定资产在企业中占用的资金量大，因此加强对固定资产的管理，可以有效地利用固定资产，达到提高企业资金使用效率的目的。固定资产在使用过程中不发生变化，在核算成本时，固定资产的价值是以折旧的形式分期摊入成本中的。固定资产折旧的计算方法有直线折旧法和加速折旧法等。

企业将财力投入内部生产经营和固定资产上，如购买机器设备，建造车间、厂房等。固定资产投资具有投资回收期长、投资数量大、不易变现等特点。因此投资的风险大，一旦失败将影响企业的长远发展。在决策中，要周密分析企业内外部环境，客观、准确地评价项目可行性，在充分估计各种风险的前提下，大胆决策。

进行投资决策时应注意以下几个问题。

一是机会成本。资金具有机会成本。在投入一种用途后必然失去用于其他用途的机会。资金用于其他用途所能带来的最大收益是该投资项目的机会成本。例如，工厂占用的一块土地，既可以用于生产经营，也可以用于出租。在进行投资项目决策时，要考虑资金用于其他投资机会的收益，为该资金寻求最有利的使用途径。

二是沉没成本。沉没成本属于已支出的成本，与现在所做的决策无关。以前花费的成本，已经不可收回了。现在所做的决策只关乎未来收益情况，决策者追求的目标是该方案投资后产生的未来净利益的最大化。

三是投资决策使用现金流量，而不是会计利润。会计利润以账面价值为核算的基础，与实际情况有时不一致；同时，会计利润未考虑资金的时间价值，在决策中有时候会得出错误的结论。

②无形资产及递延资产投资管理。一是无形资产的管理。无形资产是指企业在生产商品、提供劳务的过程中和作为管理目的而持有的，没有实物形态的非货币长期资产。无形资产可以分为可辨认无形资产和不可辨认无形资产。可辨认无形资产包括专利权、非专利技术、商标权、著作权、土地使用权和特许权等。不可辨认无形资产主要指商誉。它们没有物质实体，但能够给企业带来超额利润。因此，被当作资产的已确认项。

二是递延资产投资管理。递延资产是指不能全部计入当年损益，应当在以后年度内分期摊销的各项费用，包括开办费、以经营租赁方式租入的固定资产改良工程支出等。

（2）对内短期投资管理

对内短期投资是企业将资金投放到原材料、工资和应收账款等方面，在一年或营业周期内周转出来的经营活动，主要形成流动资产。对流动资产的管理体现在以下几个方面：一是在保证正常生产经营所需资金的前提下，尽量减少对资金的占用。在资金闲置时，通过对外投资，提高资金的利润率。二是在正常生产经营条件下，提高资金的周转速度，为企业带来更大的收益。

企业流动资产主要包括现金、短期投资、应收账款及存货。

①现金。在企业流动资产中，现金的流动性最强，可以满足企业多方面的需要；但同时，它的获利能力最差。过多的现金闲置，会降低企业资金的使用效率。企业应保持一定的现金余额，节约使用资金，并尽量从暂时闲置的资金中获得最多的利息收入。当企业的现金余额不足以满足计划资金需要量时，要进行短期筹资；但资金闲置时，可以对外投资，以获得较高的收益。

②短期投资。短期投资是指持有时间不超过一年且随时可以变现的资产，如短期股票、债券投资等。

③应收账款。应收账款是由企业为对方提供商业信用形成的。提供赊销有利于企业的销售工作，减少企业产成品存货。持有应收账款也要付出一定的代价，应收账款的成本包括应收账款占用资金的机会成本、应收账款的管理费用、收账费用、坏账成本。

企业应比较应收账款的成本和收益，执行较严或较宽的信用政策。应收账款的管理还要重视应收账款的周转期和周转率，应加快应收账款资金的周转。

④存货。存货是指企业在生产经营中为销售或者耗用而储备的物质，包括原材料、辅助原料、燃料、低值易耗品、在产品、半成品和产成品等。一般生产企业中，存货的品种多，在流动资产中的比重大，管理的难度大。

存货管理的目的是既要保持生产经营的连续性，又要节约存货资金，同时加速存货资金周转，提高存货资金使用效率。

3. 对外投资管理

对外投资主要包括证券投资、兼并和收购等形式。

证券的基本类型有三种，即股票、债券和投资基金。在健全的资本市场上，企业（或政府）可以通过发行证券筹集资金，投资者在一级市场上购买证券将资金投入企业，在二级市场上交易以保持资金的流动性。下面将分别介绍各种证券的特点及投资方式。

（1）债券

债券是一种有价证券，是债务人为了筹措资金向非特定的投资者出具的在一定时期内支付利息和本金的凭证。债券包括政府债券、金融债券和公司债券。

投资债券除了要承受违约风险之外，还要承受利率变动的风险。当市场利率上升时，债券的价格一般会下跌；市场利率下降时，债券的价格则会上升。

（2）股票

股票是由股份有限公司发给股东的，代表所有权的有价证券。股东的权利与义务如下：①股东作为出资人，有权按公司章程获得股息和利润；②股东有权出席股东大会，选举公司董事，参与经营决策；③在缴纳股本后，不得擅自抽回出资；④股东以所持股份为限对公司承担责任等。投资者购买了股票后，不能直接从公司里抽回资金，只能在二级市场交易股票。普通股投资的潜在报酬率比其他投资方式高，但风险最大。衡量股票投资价值的简单方法为市盈率法。

（3）投资基金

投资基金是一种集合投资制度，是众多的中小投资者通过购买收益证券将资金集合起来，委托由投资专家组成的专门投资机构代为理财的形式。投资基金最早出现在英国，而后在美国得到发展。我国目前上市的基金已有多家。

按照基金的组织形式划分，投资基金可分为单位信托基金和互惠基金。单位信托基金以委托的形式设立；互惠基金则以有限公司的形式设立，投资者购买基金单位后，即成为互惠基金公司的股东。另外，按是否可以赎回划分，投资基金可分为开放式基金和封闭式基金。

三、传统企业分配管理

（一）传统企业利润分配管理

1. 利润分配的概念

利润分配有广义的概念和狭义的概念，其中，狭义的概念是指企业对一定会计期间（通常是一年）实现的税后净利润进行分配的过程；广义的概念是指企业对一定会计期间（通常是一年）实现的息税前利润总额在国家、企业相关利益者和企业之间进行分配的过程。利润分配是一项复杂的工作，它关系着国家、企业、职工、债权人等各方面的利益；利润分配是一项政策性很强的工作，国家有相关的法律法规，企业必须严格按照国家的相关法律法规和制度进行利润分配活动。经过一系列的利润分配活动，形成了债权人的利息收入、政府的税收收入、投资者的投资收益和企业的留存收益等，其中，利息在缴纳所得税前支付，计算和缴纳所得税之后，企业可以向所有者分配股利，最后留存在企业的就是留存收益。企业的留存收益包括盈余公积金和未分配利润两大部分。

因为税收具有强制性、无偿性和固定性，所以财务管理中的利润分配实际上是对税后利润（净利润）进行分配，实质上就是确定给投资者分配股利与企业留存收益的比例关系。

在利润分配的过程中，企业应当考虑以下几个因素。

（1）利润分配应当处理好企业投资者、债权人和员工的利益

投资者是企业的老板和最终剩余净资产的所有者。投资者冒着一定风险将权益资金投入企业，按照谁出资谁受益的原则，企业得到利润后，应当按照出资比例进行分配，使投资者获取投资收益。在实际工作中，投资者获得多少投资收益取决于企业利润的多少以及利润分配政策。如果投资者能够实现期望的收益，就有利于提高企业的信誉，有利于增强企业未来融资的能力。

企业债权人是企业的债主，对企业的净资产有优先求偿权。债权人冒着一定的风险将资金借给企业，应当获得相应的报酬。企业在利润分配时应当关注对债权人利益的保护，按照合同或协议约定，按时支付本金和利息。企业在对投资者分配利润之前，应当加强对债权人尚未收回的本金的保障力度，保障企业的偿债能力，确保债权人的权益得到充分的保障。

员工是企业的劳动者，通过贡献劳动力、智力创造价值，是企业实现利润的源泉。企业在利润分配时应当充分保障员工的合法权益，按时发工资、福利、津贴、补贴等，安排职工再学习，给予员工职位晋升的空间，充分调动员工工作的热情和创造力，为企业创造更多价值。

因此，企业在利润分配中应当正确处理企业相关利益者的利益诉求，协调好相关利益者之间的关系。

（2）利润分配应当考虑资本结构优化

企业筹集到的资金，通过供、产、销环节，一方面随着生产经营过程不断地消耗和转移，归集为成本费用；另一方面形成产品的价值，通过销售取得收入，补偿企业的成本费用，为企业简单再生产的正常进行创造了条件。通过创造利润以及利润分配，为企业积累资本、调整资本结构、优化资本配置提供了必要的条件。留存收益是企业重要的权益资本来源，如何分配利润直接影响企业权益资本与债务资本的比例，即资本结构，因而利润分配便成了优化资本结构、降低资本成本的重要措施。

（3）利润分配应当考虑社会贡献

在企业正常的生产经营过程中，员工通过劳动不仅实现了自己的价值，还为社会创造了一定的价值，即剩余价值，体现为企业的利润。企业除了满足企业自身的生产经营性积累外，还通过利润分配，使国家按照法律法规也可以获取企业利润的一部分（如税收）。国家参与企业利润分配是为了实现国家的政治职能和经济职能，有计划、有目标地用于国防建设、基础建设、教育建设、民生建设等，为社会经济的发展创造稳定的条件。

2. 利润分配的内容

企业通过经营活动取得收入后，要按照补偿成本、交纳所得税、提取公积金、向投资者分配利润等顺序进行分配。所以，利润分配的内容就是企业利润的构成及其去向。

（1）营业利润

营业利润是指企业在一定期间从事生产经营活动所取得的利润，是企业利润中最基本、最重要的组成部分。其计算公式为

营业利润 = 营业收入 - 营业成本 - 税金及附加 - 销售费用 - 管理费用 - 财务费用 - 资产减值损失 - 信用减值损失 + 公允价值变动收益（-公允价值变动损失）+ 投资收益（-投资损失）+ 资产处置收益（-资产处置损失）+ 其他收益

（2）利润总额

利润总额是指企业在一定时期内通过生产经营活动所实现的最终财务成果。其计算公式为

利润总额 = 营业利润 + 营业外收入 - 营业外支出

（3）净利润

净利润是一个企业经营的最终成果，是指企业当期利润总额减去所得税后的金额，即企业的税后利润。其计算公式为

净利润 = 利润总额 - 所得税费用

3. 利润分配的原则

企业利润分配的过程与结果，关系到所有者的合法权益能否得到保护，企业能否长期、稳定发展。为此，企业必须加强对利润分配的管理和核算。在利润分配过程中，应遵循以下原则。

（1）依法分配原则

企业的利润分配必须依法进行。企业的利润分配涉及企业、股东、债权人和职工等各个利益相关者的利益。正确处理各方之间的利益关系，协调各方面的利益矛盾是进行利润分配的重要方面。为了规范企业的利润分配行为，国家颁布了《公司法》《企业财务通则》等法律法规。这些法律法规规定了企业利润分配的基本要求、一般程序和重要比例，企业应当认真执行，不得违反。

（2）资本保全原则

资本保全原则是计量企业经营成果所必须遵循的财务概念。根据这一原则，只有在所有者投入企业的资本不受侵犯的前提下才能确认利润，并进行分配。资本保全原则要求企业在进行利润分配时应首先保证资本的完整，不能因为利润分配的原因而减少企业的资本。

（3）分配与积累并重原则

企业的利润分配必须坚持分配与积累并重原则。企业分配的结果是将净利润

分成两部分，一部分分配给企业外部的企业所有者个体，另一部分留在企业内部形成企业的积累即留存收益。虽然这部分留存收益最终还是属于企业所有者的，但是其法人财产权属于企业，成为企业筹资的一种渠道，增强了企业抵抗风险的能力，提高了企业经营的稳定性和安全性，有利于所有者的长远利益。另外，适当的积累还有利于以丰补歉，平抑利润分配数额波动，稳定投资利润率，对外传递经营比较稳定的信息。

（4）兼顾各方利益原则

企业的收益分配必须兼顾各方面的利益。企业是经济社会的基本单元，企业的收益分配直接关系到各方的切身利益。投资者作为资本投入者、企业的所有者，依法享有净收益的分配权。企业的债权人在向企业投资金的同时承担了一定的风险，企业的收益分配应当体现出对债权人利益的充分保护，不能伤害债权人的利益。另外，企业的员工是企业净收益的直接创造者，企业的收益分配应当考虑员工的长远利益。因此，企业在进行收益分配时应当统筹兼顾，维护各利益相关团体的合法权益。

（5）投资与收益对等原则

通常，企业的收益分配必须遵循投资与收益对等的原则，即企业进行收益分配时应当体现谁投资谁收益、收益与投资比例相适应的原则。投资与收益对等原则是正确处理投资者利益关系的关键。投资者因其投资行为而享有收益权，投资收益应同其投资比例对等。企业在向投资者分配收益时，应本着平等一致的原则，按照投资者投入资本的比例来分配，不允许发生任何一方随意多分多占的现象。这样才能从根本上做到公开、公平、公正，保护投资者的利益，提高投资者的积极性。

4. 利润分配的程序

企业可供分配的利润＝本年净利润＋年初未分配利润

只有当可供分配的利润大于零时，才能进行分配。企业利润分配应按照下列顺序进行。

（1）弥补以前年度亏损

企业在提取法定公积金之前，应先用当年利润弥补以前年度亏损。企业年度亏损可以用下一年度的税前利润来弥补，下一年度的税前利润不足弥补的，可以在5年之内用税前利润连续弥补，连续5年未弥补的亏损则用税后利润弥补。自

2018年1月1日起，当年具备高新技术企业或科技型中小企业资格（以下统称"资格"）的企业，具备资格之前5个年度发生的尚未弥补完的亏损，准予结转以后年度弥补，最长结转年限由5年延长至10年。其中，税后利润弥补亏损可以用当年实现的净利润，也可以用盈余公积。

（2）提取法定盈余公积

根据《公司法》的规定，法定公积金的提取比例为当年税后利润（弥补亏损后）的10%。当法定公积金的累积额已达注册资本的50%时，可以不再提取。法定公积金提取后，根据企业的需要，可用于弥补亏损或转增资本，但企业用法定公积金转增资本后，法定公积金的余额不得低于转增前公司注册资本的25%。提取法定公积金的主要目的是增加企业内部积累，以利于企业扩大再生产。

（3）提取任意盈余公积

根据《公司法》的规定，企业从税后利润中提取法定公积金后，经股东会或股东大会决议，还可以从税后利润中提取任意公积金。这是为了满足企业经营管理的需要，控制向投资者分配利润的水平，以及调整各年度利润分配的波动。

（4）向投资者分配利润

根据《公司法》的规定，企业弥补亏损和提取公积金后所余税后利润，可以向股东（投资者）分配。其中，有限责任公司的股东按照实缴的出资比例分取红利，但全体股东约定不按照出资比例分取红利的除外；股份有限公司按照股东持有的股份比例分配，但股份有限公司章程规定不按照持股比例分配的除外。

（二）传统企业股利分配管理

1. 股利相关理论

股利相关理论指：企业的价值和股票价格的变动与股利的分配与否、股利的分配多少有密切关系的观点。支持股利相关理论的学者认为，企业的股利政策会影响公司价值和股票价格。股利相关理论主要有以下几种观点。

（1）"手中鸟"理论

支持"手中鸟"理论的专家学者认为，企业实现的净利润，应该更多地分给投资者，利润留存作为再投资的本钱会给投资者带来预期收益的不确定性，随着时间的推移，再投资的风险会不断加大，会导致投资者的既得利益受到损失。因此，厌恶风险的投资者更倾向于定期获得稳定的股利回报，不愿将既得股利留存在企业作为再投资的本钱，避免未来不确定性因素带来的风险。"手中鸟"理论的核心内容是企业的股利政策与企业的股票价格是密切相关的,即当企业支付较高的股利时,企业的股票价格会随之上升,企业价值将得到提高;当企业支付较低的股利时,企业的股票价格会随之下降,企业价值也会下降。

(2)信号传递理论

支持信号传递理论的学者认为,在市场经济条件下会存在信息不对称的情况,企业可以通过股利政策向市场传递有关企业未来营利能力、发展能力的信息,从而影响企业的股价和市场价值。通常,预期未来营利能力强、发展能力强的企业,往往愿意支付较高的股利来吸引更多的投资者。另外,市场上的投资者因为信息不对称,把企业股利政策的差异作为反映企业预期营利能力、发展能力的信号。如果某企业连续保持比较稳定的股利支付水平,投资者就会对该企业未来的营利能力与发展能力持乐观的态度,更愿意把资本投放到该企业,促进企业价值和股价的上升;如果企业的股利支付水平突然发生变动,投资者就会对该企业未来的营利能力与发展能力持悲观的态度,更倾向于把资本撤走,引发该企业价值和股价的下跌。信号传递理论的核心内容是企业的股利政策直接影响着企业的价值和股价。

(3)所得税差异理论

支持所得税差异理论的学者认为,不同的股利政策涉及的所得税税率以及纳税时间是存在差异的。就目前的税收政策看,资本利得收益涉及的所得税税率较低,甚至是免税的,而股利收入的所得税税率较高,因此,支付股利较低的政策更有助于实现投资者收益最大化目标。另外,资本利得收入缴纳的所得税比股利收入缴纳的所得税更具有弹性空间,投资者可以通过控制获得资本利得收入的时间来享受延迟纳税带来的收益差异。所得税差异理论的核心内容是由于所得税的政策差异,使用低股利政策更有利于实现投资者价值最大化。

(4)代理理论

支持代理理论的学者认为,股利政策有助于缓冲管理者与股东之间的代理冲突,即股利政策是协调股东与管理者之间代理关系的一种约束机制。支付股利能够有效地降低代理成本,主要体现在以下两个方面:一是股利的支付减少了企业的现金流量,从而降低了管理者对自由现金流量的控制程度。一般来说,现金股利的支付,导致企业资金减少,管理者就会减少投资和消费,这在一定程度上抑制了管理者,可保护外部投资者的利益。二是较多的现金股利的发放减少了内部融资力度,增加了外部融资需求量。较多的现金股利支付,增加了企业外部融资的需求量,让企业接受资本市场的严格监督,借助外部的监督力量减少内部监督、协调的成本，有利于降低代理成本。一般来说，高水平的股利政策不仅可以降低企业的代理成本，同时也增加了外部融资成本，理想的股利政策应当使代理成本和外部融资成本之和最小化。代理理论的核心内容是高水平的股利支付政策，引入外部融资和外部监管，有利于降低代理成本，但应当考虑代理成本降低与外部融资成本增加的幅度。

综上所述，企业的股利政策与企业的价值和股价有密切的关系，股利政策会直接或间接地影响企业的价值和股价。至于执行何种股利政策，企业应当结合自身的发展战略、所处的内外环境、股东的意愿等综合考虑，制定适合企业长远发展的股利政策。

2. 股利分配的内容

股利分配是指公司制企业向股东分配股利，是企业利润分配的部分内容，而不是利润分配的全部。按照我国《公司法》和有关财务法规的规定，企业税后利润分配的内容包括以下几个部分。

（1）盈余公积金

盈余公积金是企业在税后利润计提的用于增强企业物质后备、防备不测事件的资金。盈余公积金包括法定盈余公积金和任意盈余公积金两种。法定盈余公积金按税后利润10%计提，但盈余公积金累计额达到企业注册资本50%时，可以不再继续提取。任意盈余公积金是在计提法定盈余公积金和公益金后，由企业章程或股东大会决议所提取的公积金。

（2）公益金

公益金是企业在税后利润中计提的、专门用于职工集体福利设施建设的资金。公益金按税后利润5%~10%的比例提取。计提一定数额的公益金，有益于企业改善职工的物质文化生活，提高防范意外事件的能力。

（3）向股东分配股利

公司制企业向股东分配股利又称分配红利，是利润分配的主要阶段。企业在弥补亏损、提取公积金和公益金以后才能向股东分配股利。通常情况下，企业当年如无利润，就不能进行利润分配。如果用盈余公积金弥补亏损以后，为维持企业股票信誉，经股东大会特别决议，也可用盈余公积支付股利，只是支付股利后留存的法定盈余公积金不得低于注册资本的25%。

3. 股利分配的政策

股利分配政策是指企业按照法律法规的规定，明确是否发放股利、发放多少股利以及何时发放股利的方针和对策。企业所处的环境不同，管理要求不同，其股利分配政策也不相同。

企业制定股利分配政策是为了使投资者获得投资收益，实现企业短期、长期发展战略的需求，其最终目标是实现企业价值最大化。企业发放股利传递着许多信息，股利发放多少、是否稳定、是否增长等，是投资者推测目标企业经营状况、发展前景的主要依据。因此，股利分配政策关系到企业在市场上的形象，成功的股利分配政策有利于提高企业的市场价值和企业的股价。

股利分配在公司制企业的经营管理中占有重要地位，股利的发放，既关系到投资者的经济利益，又关系到企业的长远发展。通常较高的股利，一方面可使投资者获取预期的投资收益，实现投资者投资的目的；另一方面会促进企业股价上涨和企业价值的上升，从而使投资者除了获得股利收入外，还能获得一定数额的资本利得。然而，过高的股利使大量的资金流出企业，使留存收益大幅度减少，导致企业在一定范围内的资金链紧张；在企业需要投资的情况下，需要数额较大的融资，增加了企业的融资成本，过高的债务融资，还会增加企业资本成本的负担，降低企业的未来收益，进而降低投资者的预期收益。过低的股利可以给企业留存很多的资金，降低未来的融资成本；但是，过低的股利与投资者的愿望相背离，投资者没有实现预期的股利收益，很可能会将资本撤离企业，导致企业股价下降，损害企业形象，不利于企业发展。因而对企业管理层而言，如何均衡股利发放与企业未来发展的关系，并使企业股票价格稳中有升，是企业管理层奋斗的目标。

股份有限公司的股利分配政策主要有以下几种。

（1）剩余股利政策

股利分配政策与企业的资本结构相关，而资本结构又是由投资所需资金构成的，因此实际上股利政策要受到投资机会及资本成本的双重影响。剩余股利政策就是在企业有着良好的投资机会时，根据一定的目标资本结构（最佳资本结构），测算出投资所需的权益资本，先从盈余当中留用，然后将剩余的盈余作为股利予以分配的政策。奉行剩余股利政策，意味着企业只将剩余的盈余用于发放股利。这样做是为了保持理想的资本结构，使加权平均资本成本最低。

（2）固定或稳定增长的股利政策

固定或稳定增长的股利政策是指企业将每年派发的股利额固定在某一特定水平或在此基础上维持某一固定比率逐年稳定增长的政策。企业只有在确信未来盈余不会发生逆转时才会宣布实施固定或稳定增长的股利政策。

固定或稳定增长股利政策的优点如下：由于股利政策本身的信息含量，稳定的股利向市场传递着企业正常发展的信息，有利于企业树立良好形象，增强投资者对公司的信心，稳定股票的价格；稳定的股利额有助于投资者安排股利收入和支出，有利于吸引那些打算进行长期投资并对股利有很高依赖性的股东；稳定的股利政策可能不符合剩余股利理论，但考虑到股票市场会受多种因素影响（包括股东的心理状态和其他要求），为了将股利维持在稳定的水平上，即使推迟某些投资方案或暂时偏离目标资本结构，也可能比降低股利或股利增长率更为有利。

固定或稳定增长股利政策的缺点：股利的支付和企业的盈利相脱节，即不论企业盈利多少，均要支付固定的或按固定比率增长的股利，这可能会导致企业资金紧缺，财务状况恶化。此外，在企业无利可分的情况下，若依然实施固定或稳定增长的股利政策，也是违反《公司法》的行为。

因此，采用固定或稳定增长的股利政策，要求企业对未来的营利和支付能力能做出准确的判断。一般来说，企业确定的固定股利额不宜太高，以免陷入无力支付的被动局面。固定或稳定增长的股利政策通常适用于经营比较稳定或正处于成长期的企业，但很难被长期采用。

（3）固定股利支付率政策

固定股利支付率政策是指企业将每年净利润的某一固定百分比作为股利分派给股东的政策。这一百分比通常称为股利支付率，股利支付率一经确定，一般不得随意变更。在这一政策下，只要企业的税后利润一经计算确定，所派发的股利也就相应确定了。固定股利支付率越高，企业留存的净利润越少。

固定股利支付率政策的优点：采用固定股利支付率政策，股利和企业盈余紧密结合，体现了"多盈多分、少盈少分、无盈不分"的股利分配原则；由于公司的获利能力在年度间是经常变动的，因此，每年的股利也应当随着企业收益的变动而变动。采用固定股利支付率政策，企业每年按固定的比例从税后利润中支付现金股利，从企业支付能力的角度看，这是一种稳定的股利政策。

固定股利支付率政策的缺点：大多数企业每年的收益很难保持稳定，导致年度间的股利额波动较大，由于股利的信号传递作用，波动的股利很容易给投资者带来经营状况不稳定、投资风险较大的不良印象，成为企业发展的不利因素；容易使企业面临较大的财务压力，这是因为企业实现的盈利多，并不能代表企业有足够的现金流用来支付较多的股利额；合适的固定股利支付率的确定难度比较大。

由于企业每年面临的投资机会、筹资渠道都不同，而这些都可以影响企业的股利分派，所以，一成不变地奉行固定股利支付率政策的企业在实际中并不多见,固定股利支付率政策比较适用于那些处于稳定发展期且财务状况也较稳定的公司。

（4）低正常股利加额外股利政策

低正常股利加额外股利政策是指企业事先设定一个较低的正常股利额,每年除了按正常股利额向股东发放股利外,还在企业盈余较多、资金较为充裕的年份向股东发放额外股利的政策,但是额外股利并不固定,不意味着企业永久地提高了股利支付率。

低正常股利加额外股利政策的优点：赋予企业较大的灵活性,使企业在股利发放上留有余地,并具有较大的财务弹性。企业可根据每年的具体情况,选择不同的股利发放水平以稳定和提高股价,进而实现企业价值的最大化；使那些依靠股利度日的股东每年至少可以得到虽然较低但比较稳定的股利收入,从而吸引住这部分股东。

低正常股利加额外股利政策的缺点：企业盈利的波动使得额外股利不断变化,造成分派的股利不同,容易给投资者收益不稳定的感觉；当企业在较长时间持续发放额外股利后,可能会被股东误认为"正常股利",一旦取消,传递出的信号可能会使股东认为这是企业财务状况恶化的表现,进而导致股价下跌。

4. 股利分配的形式和发放的程序

（1）股利分配的形式

企业向股东分配股利的形式通常有以下几种。

①现金。现金是企业向股东分配股利的基本形式。在企业营运资金和现金较多而又不需要增加投资的情况下,采用现金分配形式既有利于改善企业长短期资产结构,又有利于股东取得现金收入和增强投资能力。采用现金分配形式将会增加企业的财务压力,从而导致偿债能力下降。

②财产或债务。运用财产分配股利主要是将企业所拥有的有价证券作为股利分配给企业股东。采用这种分配形式,一是因为企业缺乏现金,二是因为股东有分配股利的迫切需求。运用债务分配股利是指企业签发应付票据或发行债券作为股利分配给股东。采用这种分配形式的原因与前者基本相同。

③配股。配股是股份有限公司近年来向股东分配股利的一种重要形式,其优点主要如下：可以避免由于分配股利而导致公司支付能力下降、财务风险加大的缺点；当公司现金紧缺时,发放股票股利可起到稳定股利的作用,从而维护企业的市场形象；发放股票股利可避免发放现金股利或再筹集资本所产生的费用；股

票股利可增加企业股票的发行量和流动性,从而提高企业的知名度。不过,发放股票股利会被认为是企业资金紧缺的象征,有可能导致企业股票价格下跌。

④红股。红股是在现金股利的基础上向股东加派的红利,它是按照股东持股量的比例派发的,其资金来源是企业的留存收益。因此,企业派发红股既不改变股东的持股比例,又不直接增加股东利益。企业派发红股能在不增加资本总额的前提下增加股票发行量,从而限制股票价格的上涨。如果一家企业的留存收益较多,股价就会上升,这会对企业股价的流通性产生一定的不利影响。为了解决这一问题,企业可向股东增派红股,即在不增加企业资本总额的条件下使发行在外的股票数量增加,从而达到限制股价上涨的目的。

增派红股这种分配形式的优点主要如下:可增加企业股票的发行量,从而提高企业的知名度;可降低每股净资产的数额,从而限制股价上涨并增强股票的流通性;股东能得到免费的股票;传递的信息是企业的留存收益较多,意味着股价上涨的潜力较大。

(2)股利发放的程序

股份有限公司的股东较多,而且上市公司的股价交易频繁,这就决定了其股利发放的复杂性。为了体现公开、公平和公正的分配原则,有关法规就公司发放股利的程序做了规范化的规定。

①股利宣告日。股利宣告日即公司董事会按股利发放周期举行董事会会议,决定股利分配的预计方案,交由股东大会讨论通过后,由董事会将股利支付情况正式予以公告的日期。股利宣告日将宣布每股股利、股权登记日、除息日和股利支付日等事项。我国的股份公司通常一年派发一次股利,也有在年中派发中期股利的。

②股权登记日。股权登记日又称除权日,即股东领取股利的资格登记截止日期。只有在股权登记日在公司股东名册上有姓名的股东才有权分享股利。证券交易所的中央清算登记系统为股权登记提供了方便,一般在除权日营业结束的当天即可打印出股东名册。

③除息日。除息日即领取股利的权利与股票相互分离的日期,一般在股权登记日之前的某一天。在除息日之前,股利权从属于股票,持有股票者享有获得股利的权利;除息日起,股利权不再属于股票,新购入股票的人不能获得股利,这是因为股票的买卖过户需要一定的时间。在实行回转交易制度的情况下,发放股利的除权日与除息日是同一天。除息日以后买进股票的股东得不到股利,股利只能由企业支付给股票出售者,因此,除息日后股票的交易价格将会下跌。

④股利支付日。股利支付日即公司向股东发放股利的日期。这一天，企业以现金等不同方式将股利支付给股东，或通过证券交易所的中央清算登记系统转入股东资金账户。如果股东需要现款，可通过证券代理商从其资金账户中支用。

第三节 传统企业财务管理的局限

一、企业财务管理观念落后

部分企业管理是家族式管理或者"一支笔"管理，财务管理机制缺乏，而且管理的内容单一，大部分是一味地追求降低成本，甚至部分企业还通过隐藏收入或者编制虚假的财务报表来偷税漏税而减少资金支出，导致无法得到企业财务决策需要的全部信息或者误导企业做出错误的战略。另外，大部分企业采用传统的财务管理方式，这导致企业缺乏科学创新合理的财务管理，制约企业的发展，降低了企业的竞争力。

二、企业财务管理信息化程度不高

目前，很多企业信息沟通不及时，导致企业在信息传递过程中落后，延长了企业决策的时间，丧失获益的机会。我国目前很多企业机构不合理，中间层次沟通不及时，缺乏科学创新的意识以及灵活性，使得财务管理效率低下。信息获取不及时，缺乏科学、技术、管理等知识，使得很多现代化的财务管理知识没有运用到企业中，或者很多企业模仿其他企业，但是由于知识、信息的缺乏，以至于只能停留在形式上，无法完全嵌入企业实际的经营过程。

三、企业财务管理制度起步较晚

我国对财务管理的研究起步较晚，刚开始我国的财务管理也只是制作报表，先进的财务管理制度并没有产生。在我国经济体制的不断改革下，经济学家与企业家也逐渐认识到了财务管理对企业的重要作用，综合性地评估和管理企业的资金活动。

以财务管理为中心，是我国经济市场发展的客观要求、社会主义市场经济发展的必然结果。在国内外市场竞争的压力下，我国的传统企业也开始了对现代财务管理的探索。财务管理是企业发展的核心，是企业发展的命脉。想要在国内外激烈的市场竞争中突出重围，传统企业必须规范并加强对企业的财务管理，同时树立良好的财务管理风险防范意识，这是在未来的市场竞争中进一步生存和发展的重要途径。

四、企业财务人员素质水平较低

财务人员是财务管理工作的推动者，财务人员素质的高低体现了企业财务管理的水平，目前我国底层的财务人员素质水平较低，而中高层的管理人员严重匮乏，致使部分企业的财务人员综合能力相对较低。尤其大部分企业的财务人员都是单纯地核算，财务管理的专业水平相对较低，而只负责财务核算的企业财务人员已经不能满足企业的发展，只有把财务管理嵌入企业的经营管理中才能促进企业的发展，而要把财务嵌入业务中去（即业财融合），很明显，目前大部分的财务人员还存在能力缺陷，部分财务人员不懂日常经营管理，也无法将财务管理嵌入业务之中。

五、缺乏对企业财务管理制度创新的实践

我国现有的文献大多强调了数字化对改进财务管理制度的重要性，对此付诸实践的则少之又少，并没有完全解决企业在数字化时代如何进行企业财务管理这一实质性的问题。现代企业的发展已经无法离开互联网了，在这一事实面前，企业需要做的是将创新的财务管理模式落实到企业的发展当中，达到满足经济发展需要的目的，推动企业实质性改革。大多数企业决定对自身进行财务管理，制定了完整的财务管理创新计划，却无法实施到位，无法彻底地使企业完成财务管理模式的转变，从而使得企业财务模式混乱，企业内部财务出现问题，企业整体受到影响。

第四章 企业财务管理数字化转型的必要性与困境

信息技术在各个领域中得到了广泛应用,财务管理工作也不例外,特别是在当前我国多数企业财务管理工作水平低下的情况下,财务管理工作势必要做出改变,把握机遇,不断完善管理系统使其更加智能,这样才能更好地开展财务管理工作。本章分为数字化大环境的特征与机遇、企业财务管理数字化转型的必要性、企业财务管理数字化转型的困境三部分。

第一节 数字化大环境的特征与机遇

一、数字化大环境的特征

(一)时代特征

1. 第四次工业革命已经到来

信息革命被视为第四次工业革命,其主要特征是互联网在全球内普及。随着互联网、大数据、云计算、AI、物联网等在各行业各领域的广泛应用,经济发展方式与社会治理模式都在发生深刻变化。世界已进入数字化生存与激烈竞争的全新时代,掌握信息与数据,就是掌握世界发展的未来。

数字经济席卷全球,推动产业转型是必然趋势,人类社会正在数字化大潮中发生深刻变革,数字化越来越成为推动经济社会发展的核心驱动力。在构建"双循环"新格局的大背景下,企业应通过数字化转型,实现稳定产业链、畅通供应链的目标,完成供给侧结构性改革,提升企业经营效率与市场竞争力。

2. 数字化转型成为国家战略重要部分

数字化已经成为我国第二个百年奋斗目标的重要组成部分,推进企业数字化转型是国家应对国际化挑战的战略性部署。建设现代化制造业强国，就要强化实体经济的根基，而企业就是实体经济之基。数字化转型不仅是互联网平台头部企业面临的挑战，而且是各行各业都将面对的挑战。目前，我国企业在数字化转型中已经取得突破性进展，不仅在"三新"经济领域，而且在先进制造业及传统制造业领域，数字化转型都在如火如荼地开展。

3.数字经济成为更高阶的经济形态

数字经济从初期的IT时代到新发展阶段的DT时代，不仅导致经济形态的代际更迭，而且将引发产业与社会治理的深层次变革，数据将成为驱动商业模式创新、产业生产方式变革与社会治理现代化的核心力量。数字化是在信息化的基础上实现的。脱胎于信息化的数字化，不仅能够处理企业运行的内在问题，而且具有典型的迁移性，强调产业链上下游企业的信息互联与数据共享的协同能力。从表现形式上看，传统信息化系统与数字化系统区别不大；但从数字要素新特性与系统架构上分析，数字化运行机理与处理系统更为复杂，不同企业之间的数据交互，与信息化处理系统在语义、接口及编码方面存在明显差别。企业管理者必须关注技术迭代的系统升级，把握企业数字化转型中需要处理的关键性问题。目前，万物互联互通，数据共建共享，生产生活方式发生了巨大改变，信息化、网络化、数字化、智能化带来经济社会效益与效率的提升；但从长远来看，新一代通信与信息技术切入经济社会所引发的产业与社会的巨大变革，终将导致行业边界日渐模糊等问题，未来社会中数字技术将无所不在。

（二）行业特征

1.数字化对行业影响广泛深入

2019年，《哈佛商业评论》发布了一份专题报告，主题即数字化转型的企业应对策略。报告对全球700余位企业经营者进行了调查。报告显示：一方面，七成以上的企业领导者认为，其企业正积极接纳并推动数字技术改造与生产经营方式的数字化转型，而超过八成的企业领导者认为，数字经济会对他们所从事的行业造成颠覆性影响；另一方面，超过五成的企业管理者认为，目前企业业务已经具备数字化元素与运行体系，并一致认为，率先实施数字化改造的企业会比后进入的企业获得更高的市场盈利，表现在市场上则具有更高的优势地位和获利能力。然而事实也说明，传统企业通过数字化转型实现经营管理能力提升的，成功比例不会太高，传统企业的数字化转型仍然难以实现大的突破。

2. 数字化转型需要行业积极响应与不断创新

数字经济成为社会变革和经济高质量发展的重要引擎，企业数字化转型势在必行。真正不受数字化影响的行业非常有限，绝大多数行业会在短期或长期的数字化转型变革中受到影响。互联网时代广泛应用数字技术的电商、通讯、融媒体、金融等行业，是产业数字化变革的先驱，在可以预见的未来，数字革命必定会快速渗透到绝大多数行业与社会治理之中。数字化转型时不我待，企业必须结合行业发展特征和企业核心能力，谋划数字化转型战略，制定具体实施方案，跟上时代步伐。企业应该成为数字化转型的积极响应者与倡导者，主动把数字化生产与服务作为产业发展的创新支撑平台，对企业经营管理方式进行重塑与再造，优化组织结构与流程，构建新型产业数字生态系统。我国企业数字化转型已然取得一定成效，甚至在某些数字经济领域内企业发展迅猛，形成若干市场主导者，但企业数字化转型仍然处于萌发期，发展潜力巨大，前景可期。

（三）组织变革特征

数字化是新一代通信技术和先进科技对企业经营方式的根本性改变，是企业运用数字化技术重塑战略、流程、组织和模式的全过程。企业推进数字化转型的核心，是通过构建数据处理与运用的能力，形成全新的价值创造体系，进而形成强大的市场拓展与控制能力。

1. 企业发展的内在驱动能力得到极大提升

数字要素主导地位的形成，将打破企业由传统劳动力、资本、技术要素驱动的路径依赖，向新型数据要素驱动方式转型，企业开拓市场的能力将主要在数据收集、整理及运用等方面得到体现。

2. 企业组织的构架发生较大变化

传统科层式管理模式将逐渐被扁平化自组织形态取代，企业管理效能得以提升，基层组织与员工创造力得以释放，企业经营决策与执行力也得到极大增强，市场洞察与反应能力更为强大。

3. 企业经营决策的方式发生根本性变化

管理与决策层凭经验与认知进行决策的模式，将被依托数字化与智能化系统的市场决断机制取代，而企业领导者的作用更多体现在数字化思维培养与发展路径选择上，以更为合适的企业组织架构，形成企业数字化转型的高效通路。新的经营决策方式促进企业从传统的单向组织向多作用力的并行组织进化，进而实现企业创新主体的多元化与协同化。

二、数字化环境下企业财务管理面临的机遇

（一）信息化管理更加普及

随着信息技术的快速发展，我国终将步入信息化大数据时代，这是历史发展的必然趋势，企业应紧紧抓住这一历史性发展机遇，在财务管理工作中全面应用信息化管理技术，以更好地迎接未来挑战。目前，我国正在大力普及信息化管理模式，越来越多的企业从信息化建设中受益。比如我国在中小型企业中逐步落实信息化手段，助推中小企业的人员管理、业务部署、项目合作、资金操作等各项工作不断向前发展，有效避免了财务管理工作的混乱，使得中小企业能够更加稳定地迎接市场经济浪潮的冲击，有利于中小企业不断做大做强。信息化管理手段的持续普及，改变了企业经营运作的环境，企业只有加快财务管理信息化的进程，才能更好地顺应时代发展的要求，全面发挥自身优势，在激烈的市场竞争中立于不败之地。

（二）人工智能迅速发展

在数字化环境中，企业财务管理不能墨守成规，始终沿用传统工作模式，而是需要与时俱进地改革与创新，只有如此才能取得更为优异的成绩。在数字化时代，人工智能技术迅速发展，给企业财务管理注入了新活力，如部分企业正逐步缩减财务管理中的手工操作环节，利用人工智能技术可自动实现对有关信息数据的采集、分析和处理，发挥了特色化的财务管理系统功能，能大大降低企业财务管理工作的出错率，得到更为准确的财务分析结果。企业利用信息化人工智能，开辟了财务管理工作的新路径，有效减轻了财务管理工作压力，大幅提升了财务管理工作的质量和效率。需要注意的是，企业在应用信息化人工智能时，还需要规划很多内容，不可贸然实施，应确保其他各项工作的相互协调与匹配。

（三）财务数据更为专业

数字化技术的快速发展，有力地推动了企业财务数据的专业化，这对企业来说是一个难得的机遇。

一方面，在现代经济环境下，所有企业的财务管理都应向着简洁的方向发展，假如企业的财务报告数据较为庞杂，不但会对企业管理者的决策造成不利影响，

而且会影响企业固有的发展部署。所以，企业财务数据应不断向专业化发展，通过尽可能少的数据说明尽可能多的问题。

另一方面，在市场经济风云变化的今天，企业必须在最短时间里完成对财务数据的分析和处理，特别是在当前经济环境下，各行业领域间的竞争异常激烈，在财务管理过程中如果花费太多时间对数据进行处理，就有可能使企业错失黄金发展机遇，甚至使企业与一些重要项目失之交臂。因此，企业实现财务数据专业化，可使企业财务管理工作更具优势，取得更好的发展成就。

（四）财务管理模式的转变

1. 预警性数据代替事后补救

在传统的财务管理模式下，财务分析工作严重依赖企业的财务报表，一般是在财务结果发生之后才可开展分析，缺乏财务管理的预警性。而在运用大数据财务管理系统之后，企业可利用云系统收集所有内、外部信息，对消费者的消费趋势进行深入分析，准确建立消费者需求变化曲线，预测产品的需求量，有效指导企业调整产品的生产及库存数量。与此同时，企业通过对海量数据进行深入分析，还可对市场波动情况进行精准检测，进而构建有针对性的预警机制。在数据达到阈值时，企业财务管理系统会发出预警，可极大地提高企业应对各种风险的能力和水平，帮助企业对高风险投资进行规避，充分发挥企业财务管理工作的积极作用。

2. 精准核算转变为全面管理

传统财务管理系统的主要功能是算账、记账和报账，而在数字化环境下的财务管理系统，不仅能对财务信息进行快速准确的处理，还可以对人力、库存、生产和销售等多个方面的信息进行有效处理，从而为企业管理人员决策提供重要的财务参考信息。现代财务管理系统并不仅仅依赖于财务信息报表，而是对企业各项管理工作进行全盘综合考虑，可实现对企业现状及未来发展情况的估算、统计和规划。比如，企业的财务云管理系统，可在收集商品物流中的燃油成本和其他成本数据的基础上，分析出燃油的最低运输成本，在与企业云系统进行对接之后，还可分析出最佳运输路线，并合理配置人员和车辆，可极大地提升企业的工作效率。

3. 数字化客户管理

企业可利用大数据分析了解客户偏好，对产品配置进行有针对性的改进，并在保证财务部门有效运作的情况下，给企业及员工指明商业谈判方向，确保企业运营效率，促进企业高效完成业绩，为客户提供更为优质的服务。企业可利用大数据构建合作伙伴数据库，从而更好地形成规模经济，确保企业良性运转。随着大数据计算能力的不断提升，企业财务系统对数据的敏感程度大大提高，企业财务管理人员可更加清楚地认识到如何借助合作伙伴的能力来减少对人力和资本的投入，从而使企业更好地达到快速发展的目的。

第二节　企业财务管理数字化转型的必要性

一、数字化转型概述

（一）数字化转型的背景

企业在发展变革过程中需要积极发挥数字化技术推动数字化转型的积极优势，其根本在于更好地利用数字化技术重塑企业商业格局。数字化技术就是信息处理技术，其核心内容包括算力、算法和数据等。在重构企业商业模式的过程中，应积极发挥数字技术的优势，将数字化技术应用于企业运营的所有环节，全面推动企业管理变革。

数字化转型对企业财务管理的扩展具有积极作用，在降低企业成本、增强产品质量、提高企业效益等方面发挥着巨大的作用。这对传统财务管理领域逐步向所有业务领域拓展提供了技术支持。数字化使穿透性管理、赋能业务的效果更为显著。数字化转型对拓展财务管理的深度与厚度也具有重大意义。数字化转型背景下，财务管理由传统的损益管理逐步向产品、区域、客户等不同维度拓展，对促进业务优化升级具有积极作用，有利于立体化财务管理模型的完善，为财务管理创新发展提供保障，对增加企业价值具有积极影响。在处理数据的过程中，需要在数据收集、分析、预判全流程的基础上，逐步推动数据自我决策智能模式的构建，这能够推动财务管理工作朝着简单化、智能化、效率化方向发展。发挥精准数据服务优势，凸显财务管理的潜能，提高财务管理工作的精度与效率。在优化工作流程、缩短工作时间方面，数字化转型具有明显的效果，能够大幅提高组织运行效率。一般而言，随着时代的发展，业财融合是财务职能作用扩大的中间产物，其终极目标是实现商业智能。立足数据，创造更多价值，对企业商业目标的顺利达成具有积极作用，对商业模式的创新具有重要的影响。

（二）数字化转型的内容

数字化是不以人的意志为转移的大趋势，是继工业化之后推动经济社会发展的重要力量。一般认为，数字化转型包含以下几个方面。

1. 技术转型

在大多数人的理解中，数字化转型首先是 IT 技术的转型。传统的竖井式 IT 技术架构已经不能满足业务需求了，分布式、平台式、中台架构得到了互联网企业的验证，也得到了越来越多传统企业的认可。于是，技术的转型成为数字化转型的基础，大量的新技术也被包装为成功案例而广为传播，但传统企业的技术转型并不能一步到位，传统与现代技术在很长一段时间内还要共存，于是双模IT、双速 IT、多速 IT 等解决方案纷纷出炉，但这实际上增加了技术应用和管理的难度。

2. 营销数字化

营销是最早进行数字化的领域，很多企业都在电商平台开通网店进行线上销售，后来又开展 O2O，实现线上线下融合，再到后来的数字化门店改造、私域流量、用户画像等，逐步实现了人货场的数字化重构。可以说，销售领域是数字化最容易切入的点，也是最容易见效的环节。在这个过程中，以用户为中心从口号变成了现实。

3. 内部管理与运营数字化

以用户为中心必然会对原有的以产品为中心、以自我为中心的运营和管控模式带来巨大冲击，如何开展管理与运营数字化成为很多企业数字化转型的另一个重点。管理与运营的数字化在不同的行业和不同的企业中表现不一致，很多企业逐步开展集约化运营、一体化运营、数据化运营，推动运营管理的升级。

4. 商业模式与产品创新

数字化时代，产品、服务的传统生产方式以及相应的企业形态和商业生态系统也都随之发生改变，企业数字化进展到以拓展业务、增长收入为目标的新阶段。通过数字化技术重新定义企业和产品的用户价值，发现新的市场机遇，甚至进行革命性的改变。

（三）数字化转型的发展

1. 数字化认知阶段

数字化认知阶段是最初阶段。在这一阶段，企业开始认识到数字化转型的必要性和重要性，也开始理解到底什么是数字化、企业的数字化到底应该怎么做、数字化与信息化如何有效衔接等问题，正纠结于要不要进行数字化转型、怎么转。管理层尚未制定数字化战略愿景，将数字化置于次要地位。企业高层不发起、不指导或不协调数字化变革。在实践方面，可能有零星的数字新技术的应用，但都不成体系，应用效果有限。

2. 数字化探索阶段

数字化探索阶段是数字化转型的初级阶段。在这个阶段，业务部门开始比较广泛地采用点状数字技术，如市场部的数字营销精准投放、销售部的数字看板等，但数字化赋能力度有限，部门之间缺乏沟通协同，业务规划狭隘短视，全局视野和前瞻性思考不足。管理层知道正在进行的数字化变革，但没有数字化转型战略，更没有集中指导或协调数字化转型的计划。数字化探索阶段对于培养企业的数字化文化、数字化意识意义重大，一系列的成功实践可以增强员工的数字化转型信心，为后续大规模的数字化建设奠定基础。

3. 数字化赋能阶段

第三个阶段是数字化赋能阶段。在这一阶段，管理层将数字化确定为企业的重点战略，企业已经制定了数字化转型路线图并全力实施，同时已经组建了一个数字化团队来领导变革；开始有规划地进行大规模的数字化应用；在数字技术的基础上，利用数字化建模技术进行流程优化、组织调整，并尝试基于数据进行运营的优化，提高运营的集约化水平，最终实现提质增效的目的；在利用数字化技术优化运营的同时，企业还会探索如何利用新技术进行商业模式创新，并通过商业模式的创新倒逼内部流程和绩效机制等的整体优化。

4. 数字化创新阶段

第四个阶段是数字化创新阶段。这一阶段数字化转型的重点是商业模式的创新和应用，通过数字化的创新应用，企业较为彻底地实现以用户为中心的内部运营模式和外部商业模式的转型，原来的传统业务经过数字化技术的赋能，产生巨大的价值和效益。企业凭借数字化技术在业界居于领先地位。

5. 数字化再造阶段

数字化再造阶段是数字化转型的高级阶段，是传统企业脱胎换骨转化为数字化企业的关键一步。一般有两种类型的再造：一是企业内部与数字化生产力相适应的生产关系的再造，让历史悠久的企业重新焕发青春，使数字化生产力得到充分的释放；二是打破企业边界，以并购、融合、创新等跨界方式实现企业的商业模式再造。采用新的数字化模型，组织改变了原有的商业模式，甚至影响了其所在的行业和其他行业。

当然，对大多数企业来说，数字化转型不会是一条坦途，数字化转型不是一蹴而就的，而是一个逐步深入、长期的变革过程。数字化转型需要结合自身企业的特点，稳步推进。

二、企业财务管理数字化转型的目标

扫描识别技术、电子档案技术、区块链技术已经使大数据时代真正到来。如何将财务核算与财务管理从传统的纸质、线下、独立与分割的模式转变为电子化、集成化、共享化、数字化模式成为企业需要高度重视并努力建设的战略性课题。总体来说，数字化的企业财务应分步实现以下目标。

（一）档案无纸化

建立完善的纸质单据数字化采集、验真、存储、集成纸质扫描镜像与电子票证等电子元数据的成熟电子档案库房，且该库房能够实现纸质单据单独编号归档、企业会计凭证免打印、纸质单据与凭证的数字钩稽。档案的无纸化和线上化实际上是企业信息流的重新梳理，将为财务信息化和数字化打好数据基础。

（二）财务共享化

企业实现财务共享管理模式，将重复性高、价值低、规范性高的财务工作交由共享中心完成。共享中心利用机器人、规则引擎等先进技术和流程分工实现财务工业化革命，大幅提高工作效率。

（三）业财一体化

企业财务核算系统与企业ERP（企业资源计划）系统高度融合，进而实现业财一体化。财务核算系统作为企业ERP的后台基座，对接ERP中台与业务前台系统，快速准确地与中前台数据实现交互，满足不同业态类型的核算要求。业财一体化将提升财务决策的效率和效果，提高业务处理速度。

（四）财务智能化

人工智能、大数据、机器学习技术的充分应用，促使企业财税管理自动化、账务处理智能化、财务分析自动化水平大幅提升，能够实现自动对账、自动报税、自动开票、自动与批量核算、智能预警、财务预测等功能。

三、企业财务管理数字化转型的要求

（一）财务管理模式变革

数字经济时代下企业财务管理应不断向精准化方向发展，通过财务管理流程再造等变革，降低企业的财务管理风险，实现财务动态化，使得企业财务管控能力得到提升，从而释放更多的流动性资金，促进企业发展。传统财务管理都是事后反映与事后监督，这导致企业财务管理存在一定的滞后性，造成企业经济上的损失，也容易造成会计信息的失真问题，影响企业财务管理效率。在企业获取和整理信息的过程中，只有体现出信息化、智能化，才能满足企业发展所需要的财务管理需求，通过柔性管理、精细化管理等方式，与企业的发展相匹配、相适应，在企业财务管理形式上不断创新，促进企业高质量发展。

（二）财务人员工作转型

当前，数字经济成为一种新的经济形态，智能技术在财务管理中的渗透和应用逐渐深入，从而改变了以往传统的财务管理方式，降低了人们工作难度，有效节省了工作时间，使得财务人员的工作重点发生了改变，将财务工作重点逐渐转向财务、管理和业务一体化的融合方面。财务智能化发展过程中，财务人员的作用非常重要，企业对财务人员的要求更加全面，财务人员只有具备扎实的财务风险管理知识，应用好智能化技术，才能做好财务数据的分析和应用，保证财务信息的价值得到充分挖掘与发挥。智能化财务管理的出现，使得基础工作被智能化管理方式代替，财务工作人员只有向着多元化、复合型的方向发展，才能适应企业的要求。

四、企业财务管理数字化转型的必要性

（一）符合企业转型发展需求

在当前数字经济时代背景下，企业所处的发展环境发生了明显的变化，企业在经营与发展过程中所面临的风险因素随之增加，企业之间的竞争也日益激烈，

企业需要尽快实现自身产业升级与发展模式的转型以提高自身的综合实力。财务管理作为企业整体管理工作体系中的核心内容，财务管理的转型可以实现传统财务管理模式的全面创新，在提高企业各项数据处理速度与效率的基础上加强对企业人力资源、企业资金以及各种资源进行优化配置，提高企业资源的利用率，利用有限的资源为企业创造更大的经济效益与社会效益空间，使得企业不断壮大，符合数字经济时代企业转型发展的需求。

（二）企业决策能力提升的必然要求

对市场经济环境的了解，能够为企业经营决策提供有效的参考，增强企业投资运营能力，并提高企业经营收益率。数字经济时代的优势之一，就是海量且快速的数据信息资源，能够通过财务管理模式的转型，扩大财务管理职能范围，通过对财务相关数据的及时掌握和科学有效地分析，能够为企业管理阶层调整企业规划管理方向、制定投资经营策略提供及时有效的财务数据信息参考资料。数字化、智能化转型推动了财务管理职能的进一步升级，能够扩大财务管理所涉及的企业经营管理控制范围，以此促使企业管理结构得到了完善。

（三）满足智能财务的现实发展需求

长期以来，数字化技术的深入发展促使企业各项活动不断创新与转型升级。结合当前发展情况，随着数字化发展进程的持续深入，企业创新能力以及创新深度也需要进行全方位提升。以企业财务管理为例，企业财务管理工作在数字化经济的推动作用下，从最初的电算化逐渐向智能化以及数字化方向拓展，有效提升了企业财务管理效率与质量。

目前，为进一步迎合数字经济发展形势，企业财务管理需要主动立足于数字化发展趋势，对企业财务管理领域进行革新与升级。一方面，着重对企业财务管理内部流程进行信息化变革，并主动从赋能经营以及创造价值等视角，对企业财务管理内容进行创新。另一方面，优化财务智能化管理模式，重新对企业财务系统的生态环境以及组织架构进行定位与优化调整，保障企业财务管理职能可以逐步朝管理型以及价值型方向转变。

（四）数字信息化时代发展的必然要求

目前，我国已经迎来了5G时代，加快了5G网络的建设速度，同时加强了对数据中心的基础设施建设。根据相关调查报告，我国80%以上的企业正处于全面发展阶段，企业对单一的财务共享模式进行了研究，加大了数字信息化财务共享服务模式建设力度，从而全面落实财务管理。另外，大部分企业加强了财务共享服务中心建设，同时实现了财务数字化转型。

（五）企业资金控制的必然要求

企业对财务资金的有效控制，是企业生产经营最基本的过程，企业资金流动运转的效率能够直接影响企业经营收益的水平。由此可见，财务管理相关工作对于企业经营管理具有重要价值。全新的财务管理模式，借助当前数字时代的科技，对财务相关数据资料进行发掘，可以获得具有市场价值的相关信息资料，再凭借科学合理的分析手段，对当前市场进行评估预测，能够为企业投资提供可靠的数据参考资料。更加准确的信息数据分析参考资料，可以帮助企业管理层对资金运转进行有效规划，从而提高资金经营收益，降低成本损耗，有效实现企业资金经营的管理控制能力的提升。

（六）企业建立财务数字化机制的必要性

传统的企业财务管理的内容包括了常规财务管理过程中的生产经营活动以及企业涉及的项目投资、资金融资收益优化分配、企业资金的计划、项目资金的运筹和监控等方面的财务工作，建立现代财务数字化的科学体系之后，要在原有的财务管理制度和机制上，充分地融合现代化科技，借助最先进的网络计算机的运算和处理系统推动财务管理的数字化运行。一方面，有利于提升企业的综合管理水平，尤其是财务管理方面的技术水平紧跟现代科技的发展在不断地进步和优化，有助于企业更加科学有效地进行资金的规划和项目的运筹，从而促进企业生产效率的提高；另一方面，数字化的财务管理能够更加有效地提升企业的财务管理水平，将企业的财务问题通过数字化的信息手段变得更加科学合理，减少企业的财务风险，以及有效降低企业的财务管理成本。

（七）财务数字化信息管理系统的科学性

财务数字化是指将企业的财务文字信息、票据图像信息及语音等涉及企业资金的信息，通过现代化的科技手段进行数据化信息处理，不仅能够及时有效地提升企业的财务管理工作效率和专业水平，而且能降低企业的生产经营管理成本。财务数字化应用系统的管理内容有：第一，使用计算机技术软件将财务数据分析、财务数据评价、财务项目资金决策等急性优化处理，建立企业财务数据库数字化信息中心；第二，使用现代化的电子商务数据技术分析处理软件，将企业的财务风险评估、财务决策预算、财务项目运筹、财务控制监督等，通过财务数字化信息模型进行快速和全面的计算分析。并且制定出科学有效的财务计划和决策方案；第三，建立企业财务大数据处理中心，涉及企业生产和经营的财务报表、财务电子票据、报销凭证等，都可以通过特定的财务软件进行远程和实时处理，不受时间和地域的限制，形成高效率的财务数字化信息管理体系。

（八）在市场竞争中保持可持续发展的要求

数字经济时代促使市场经济的竞争更加激烈，要在快速变化的市场竞争环境中保持竞争能力，对数字信息的及时掌握是关键。想要提升企业经营管理的数字化、智能化水平，及时获取市场资源，就应该推动财务管理等相关管理工作的数字化转型，只有尽早掌握全新的科技手段，才能保证企业在数字化经济环境中保持可持续竞争实力。数字化、智能化的财务管理系统能够推动企业对市场信息的高效利用，帮助企业快速占据市场份额，并有效控制企业经营管理和生产销售整体运营过程，促进企业始终保持可持续发展的优势。

（九）企业财务管理升级和人员转型的必然选择

在信息化时代，企业只有针对市场变化，做好财务改革，及时推进财务转型，才能够促使企业财务管理效率得到有效提高，从而实现财务精细化管理。同时，企业领导也需要提高对财务工作人员的专业素养的重视程度，加强对财务工作人员的培训工作，以此在实现财务数字化转型的同时，使得财务管理得到进一步升级，促使财务人员实现全面转型，进一步加强财务管理团队的建设。

第三节 企业财务管理数字化转型的困境

一、缺乏完备的财务共享中心

企业要想加快财务数字化建设，必须构建先进的财务共享中心，实现企业经营业务和财务数据的有机结合，但是当前我国大多数中小企业尚未建立起完善的财务共享中心，严重影响了处理日常财务信息的效率。同时，财务共享中心的不完善，使得企业内部各部门之间的信息交流受限，加大了财务系统运行的难度，尤其是随着数字化经济的持续发展，企业的数字业务交易量显著提升，对财务共享中心的要求也明显提高。

构建科学高效的财务共享中心成为企业财务数字化建设过程中必不可少的关

键环节。除此之外，财务共享中心的特性使得企业在经营过程中能够最大限度地提高员工处理财务业务的效率，但当前企业普遍面临着缺乏完备的财务共享中心的问题，严重降低了企业财务管理的效率。另外，尽管部分企业开始逐步加强财务共享中心的建设，但是由于实际发展水平的限制以及财务流程设置的复杂性，难以很好地实现财务工作的标准化和规范化。

二、数字化管理思维的转变较难

推进组织数字化转型主要是转变财务人员的思维观念。在传统思维的影响下，部分财务人员会把相应的监督、输出标准财务会计报告作为企业财务部门的基本职能要求。管理会计领域，无法轻易改变企业财务工作者的思维方式，并不熟悉企业相关业务基本情况和所涉及的价值链的基本运行状态，难以为业务提供有效支撑。因为受到相关的信息量、数据不断扩大及外部各项环境条件不确定性因素的影响，企业要稳步提升决策过程中的效率与专业性。因此，转变财务人员的思维观念、增强他们的财务意识，对增强其实际作用、提升综合价值具有积极效果。

三、对财务数字化建设认识不足

当前我国财务数字化建设面临的显著问题就是相关财务管理人员对财务数字化建设的认识存在一定的片面性。尽管大部分企业逐步开始进行财务数字化建设，但是受到传统财务管理思想的影响，财务管理人员对财务数字化建设的认识大多停留在数字体系的构建，缺乏对财务数字化建设的深层次了解，导致财务管理体系在实际的财务管理运用过程中效果不佳。同时，由于对财务数字化建设的认识不足，财务管理人员没有意识到企业不同部门之间财务信息交流的重要性，导致各部门之间的财务信息流通不畅，缺乏一致的企业发展战略规划。协同机制的缺失使得各部门信息的传递效率低，而且在传播过程中很容易出现财务信息失真的状况，一定程度上阻碍了企业决策效率的优化。由于没能全面地看待财务数字化建设，企业在财务管理的过程中并没有设置统一的数据标准，导致企业财务管理的难度加大，财务数据信息的价值降低，降低了企业财务管理的效率。

四、财务数字化应用场景待挖掘

目前我国人工智能、机器学习技术超前，但财务数字化应用并非简单的技术升级，需要解决将人工智能等技术与财务、业务工作中的实际需求匹配等问题，制定出易操作、好理解、易推广的解决方案，这也说明财务数字化运用场景的挖掘和普及是需要由技术和业务双重驱动的。企业的财务数字化转型通常仅由财务部门或IT部门单向主导，缺乏掌握业务、财务技术的复合型人才，对需求的了解不够透彻或者对前沿技术的把握不到位都严重影响了企业财务数字化的应用。

五、财务数字化建设缺乏系统性

财务数字化管理体系的构建是企业财务管理革新发展的关键环节，但是当前我国大部分企业在财务数字化建设的过程中，缺乏全局性的规划，导致财务数字化建设缺乏系统性，难以满足企业长期发展的需要，尤其是在信息化的大背景下，越来越多的企业开始尝试财务管理数字化转型，并且在财务管理领域取得了一定的成效，而这也使得企业之间的竞争更加激烈。这种情况下，缺乏系统性的财务数字化建设导致企业只能解决单一部门的财务管理问题，很容易引发财务数字信息系统的失序和混乱，导致企业财务管理难以顺利进行，增加企业的财务管理成本。除此之外，财务数字化建设缺乏系统性，导致企业不具备全局发展观，没能意识到财务数字化建设的重要作用，直接影响对财务数字化体系的资金投入。一方面，企业在财务数字化建设过程中，集中购入了一定的计算机、服务器等硬件设备，却忽视了对于各种财务软件的投入，影响了财务数字化建设的效率。另一方面，企业缺乏对于财务管理人员的培训投入，使得财务管理人员对于财务软件的综合应用存在一定的问题，财务管理专业能力也没能得到充分的提升，直接影响企业财务管理战略转型的效果。

六、财务管理数字化转型能力较弱

在企业财务管理数字化转型的过程中，往往需要同步提高财务数据资源开发能力。由于专业技术与协调机制的缺失，尽管在某些程度上实现了数字化的转型，但是对于财务数据背后的价值挖掘能力还比较弱，还无法实现财务共享和产业融合。企业从项目论证、项目立项、项目建设到项目运营等每一个流程都是相对独立的，为了保证项目的安全运营，每一个节点都设计了很多审批环节与复杂流程，一方面，这就需要建立统一的协调沟通机制，打通部门之间的壁垒；另一方面，通过技术手段打通信息的沟通节点，建立数字化共享平台，从而实现业务和财务全流程合作。

七、财务数据安全风险管控系统不健全

当前我国大部分企业的财务数据安全体系并不完善，企业财务信息网络安全还处于较为薄弱的环节。随着财务数字化建设的开展，在企业运营的过程中，财

务系统不可避免地会和外部网络环境保持密切的联系，一定程度上加大了财务数据信息的泄露风险。尽管部分企业设置了相应的财务数据信息保护系统，但是受到实际技术条件的限制，这类保护系统存在很大的漏洞，导致企业财务数据安全风险管控系统并不健全。同时，部分客户的财务数据保密意识较为薄弱，这也是加大财务数据安全风险的重要原因之一。除此之外，企业财务数据安全系统的内部人员的权限设置也存在模糊性，导致部分财务管理人员以权谋私，窃取企业财务数据信息为自己谋私利，极大地增加了财务数据安全风险的管控难度。

八、没有高度认识到财务转型的必要性

数字化转型是一项系统性工作，需要企业内部各部门、各员工的共同推进，在调整过程中，许多新进员工对数字化不理解、认知度不高，认为只要自己达到部门的要求就是完成工作了，给全面推进财务管理数字化转型造成一定的障碍。同时，转型动力不足，也是现代企业在推进财务数字化转型工作中所面临的困境，认为仅仅是财务部门的工作，在业务推进、数据采集、预算编制等方面，对财务管理支持度不够。

九、财务管理数字化转型的理念落后

一方面，传统的企业财务管理一直秉承"就数据、谈数据"的理念，偏重于数据的核算，以及对财务数据进行单一化的分析。然而，在数字化转型的背景下，财务管理的方式将是复合化的、多元化的，财务管理不再仅限于对财务数据的核算，而是运用信息技术对收集的各种数据信息进行有效的分析，从而为企业的经营生产提供服务。

另一方面，财务管理数字化转型理念落后还主要体现在企业管理人员对财务数字化管理转型的认知不够。很多管理者认为企业财务管理数字化转型，就是应用几套财务处理软件来提升效率，而没有对财务管理数据背后的价值进行主动的挖掘与分析，仍旧是被动地收集财务数据的状态，这就使财务管理的数据化完全与企业本身的数字化进程脱节。

十、财务数字化转型规划与投入不足

企业管理层对财务数字化转型的重视程度决定了企业财务数字化进程的战略高度、总体预算和员工的转型动力。

首先，许多企业高管将财务的数字化与IT系统升级混为一谈，完全由IT部门主导财务数字化转型，缺少整体规划，难以解决财务实际痛点。财务数字化需

要自上而下进行，由企业决策层推进和领导，从实际需求出发，走战略高度足够、规划清晰、循序渐进的改革之路。

其次，企业财务数字化为企业带来的增量效益是隐性且滞后的，但其改革的成本是显性且前置化的。当前许多企业维持经营现状尚力不从心，会倾向于减少回报较慢的数字化建设。

最后，许多企业财务数字化转型仅停留在决策层，对战略、愿景、目标没有进行拆解、传导和传递。在此情况下，数字化转型对一线业务及财务人员来说只带来了转型期间双轨制下的增量工作和工作方式转变的难题，看不见效率的提升，从而产生抗拒心理，导致转型难度升级。

十一、财务管理数字化转型的安全缺失

在企业财务管理数字化转型的过程中，很多企业依靠大数据、云计算技术进行财务管理。除大型企业拥有自己的数据储存系统之外，很多规模较小的企业在使用财务数据时，往往要依靠第三方提供的数据平台。企业在依托第三方数据平台进行财务管理时，难免会留下查询的痕迹，这就会造成企业财务数据的重大安全隐患。外部组织可以通过入侵第三方云平台获取企业的关键财务信息，造成企业核心的财务信息丢失，进而对企业构成威胁。

十二、对财务数字化体系的"连通性"缺乏重视

在我国网络信息技术不断发展的背景之下，各个企业由于现代经济模式体制的变革，开始认识到企业财务管理的重要性，以及对与时俱进的财务信息数字化管理模式有了更高的要求和全新的认知，并且在企业内部进行财务信息精细化管理的要求也在不断地提高，绝大部分的现代企业已经从实质性的角度出发，逐渐构建和完善企业内部的财务信息化体系。当前，无论是国有企业，还是社会私有属性的企业都在积极地建立内部财务信息数字化管理机制，但是重点仅仅停留在数字化体系建立上，对具体的实际运作方法缺乏深入的了解，完全忽略了财务信息数字化管理体系之间存在的相互"连通性"，从而导致企业财务信息数字化管理体系在实际的企业管理过程中呈现出一定的局限性，并且由于各个部门之间财务信息缺乏有效"连通性"，各个部门之间的财务信息数据流通缺乏及时性，很多财务信息滞后于企业决策的需要，对于企业发展来说，"二手"的财务信息数据报表会严重影响企业生产经营中的决策，以及生产计划的制定，对于企业的长久发展来说是极其不利的。

十三、缺乏财务领域的数字化应用人才

就数字化转型来说，最为核心的就是数字化人才，因为人才属于稀缺资源。因此，数字化转型背景下，传统财务人员在迎来更多工作机会的同时，面临着更大的挑战。财务数据是财务工作中最为核心的内容，财务人员通过财务报表处理财务数据，从而胜任财务工作。在数据方面，财务人员的优势更为凸显。然而，数字化转型对财务人员的工作思维、工作模式和工作技能提出了新的要求。部分财务人员在思维、视角、技能方面有一定局限性，无法满足企业与社会经济的发展需求。例如，部分财务人员的思维与视野仅仅局限于传统数据上，无法着眼于很多非财务数据信息，也不能为企业的经济决策提供更多有参考价值的信息，无法有效把握数字化转型的最佳时机。在此情况下，很多经济组织在数字化转型的实际工作中，无法找到适合的数据化应用人才。对此，企业应加强财务与信息化建设等综合人才队伍的培训，完善人才激励机制，旨在实现畅通的工作流程，建立新的工作格局和机制。

第五章 企业财务数字化转型的基本框架

企业数字化转型是推动数字经济和实体经济融合发展、促进新旧动能转换的重要手段。财务数字化转型的基本框架是企业数字化转型的切入点和联结点,其实质是以数字技术为支撑,用数据驱动财务价值创造,赋能企业管理创新。本章分为财务共享数字化、管理会计数字化、财税数字化三部分。

第一节 财务共享数字化

一、财务共享的定义及其发展

(一)财务共享的定义

国际财务管理协会把财务共享定义为以财务业务中各流程的处理工作为前提而开展的管控。它通过构建规范的财务业务流程和信息数据体系,改进组织构架和工作流程,从而减少人员成本,提高财务管控的质量以及企业的核心竞争力。财务共享工作主要是经过密集的分工,处理财务业务和财务相关信息数据,以此促进企业财务管控性能的提升,实现财务业务职能的再造,协助财务相关工作人员提高自我价值和创新能力,增强业财融合的能力。财务共享工作为企业各项工作的开展提供了平台与媒介。要想建设出可顺应企业常态化发展的财务共享实施过程,为企业各职能部门提供配套服务,就必须打造出企业财务共享工作中不可或缺的组成部分,健全企业财务共享实施过程的整体架构。

(二)财务共享的发展趋势

1. 从单一核算向业财税融合转型

财务共享中心作为企业财务管理体系的重要组成部分,其职责将从为战略财务和业务财务逐步转向为两者的赋能,企业整体财务管理水平的提升将带动财务共享从单一的会计核算共享向业财税融合的管理共享转型。企业所有的生产经营管理活动最终均会体现在财务管理活动中，因此财务共享服务的转型升级必然要实现与企业业务的直联，向企业业务前端延伸，促进企业业务过程管控的要求直接与会计信息质量关联。

2. 从数据简单加工向数据价值挖掘转型

从单一的核算共享发展为一体化多领域共享后，共享服务中心汇集了除财务域之外的多业务域数据，这种跨域数据的汇集方式已超越了传统企业管理模式中任何一个职能部门的职责范围，共享中心通过纵向贯通各业务链条、横向整合业务域与财务域数据，应用数据治理、数据建模和智能化技术等数字化工具，深度挖掘数据价值，用数据为集团企业优化劳动力、资本、技术、管理、数据等全要素资源配置赋能，从"小型财务数据集"转型为真正的数据中心。

3. 从层级职能式管理向流程协同式管理转型

在数字经济时代，组织效率的提高不再依靠传统的层级式职能分工，而是要建立更加集约高效的流程化管理模式，打破部门、职级的限制和壁垒，将企业生产经营管理活动细分成不同流程，通过流程节点的重组固化界定各方职责，推动过程管控要求的落地，以上、下节点的无缝对接与协同带动全流程链的效率提升，而在此过程中，财务共享必须发挥作为财务管理相关流程的"下游"而天然具备的诊断者、优化建议者和发起者的作用。

4. 从信息集成化向融通平台化转型

财务共享服务在建设过程中产生的新需求加快了信息技术的深入应用，而信息技术的快速进步又推动了财务共享的发展，两者相融互促的结果是共享服务平台实现业务信息与财务信息的高度集成。未来，财务共享作为集团财经战略目标的重要承接者，通过共享服务的平台化运营贯通产业链全流程，不仅要实现集团内部上游企业与下游企业的链接和资源整合，而且还要借助国家层面会计数据标准化的契机，以集团整体价值最大化为目标，打造集团内部成员单位与外部关联方的生态圈，包括与合作单位、供应商、客户、银行等各方的互联共享、合作共赢。

二、财务共享数字化转型的必要性

（一）数字经济时代发展的要求

目前，数字经济已经成为全球热议的焦点，在信息技术与信息共享相互融合的作用下，数字技术作为数字经济的核心，正在对传统企业进行数字化颠覆，重新塑造商业模式，推动经济转型。面对不断发展的数字技术，国家出台了相关的政策和文件，大力鼓励企业发展数字经济。2020年3月4日，中共中央政治局会议明确表示，中国将加速5G网络建设，加快引进数据中心基础设施等。《2020年中国企业财务共享服务中心建设情况研究报告》显示，到2020年，80%的中国企业已经处于快速发展的阶段，即从单一的财务共享服务中心模式向基于财务共享服务中心的财务数字化方向发展。此外，17.65%的企业正在落实建设财务共享服务中心的任务，并加快推进财务数字化转型的基础设施建设。随着"智能大数据"时代的到来，中国正在加速财务数字化转型的进程。

（二）推进企业业财融合的途径

传统的财务会计侧重于在业务结束后开始进行记录核算，而忽略了对业务进行实时控制。由于企业的财务目标与企业的战略目标存在一定的偏差，财务与业务存在一定的矛盾，加之企业的业务部门和财务部门作为两个独立部门，各自独自运作和管理，这大大阻碍了企业的转型、升级、发展。基于财务共享模式的企业财务数字化转型，打破了企业部门之间的"信息孤岛"僵局，依托财务共享服务中心对企业的财务信息进行集中处理，利用人工智能、区块链等数字技术，使财务共享服务中心的数据信息化，尽可能地减少外界因素的干预，以此保证海量的数据更加准确、真实，这对企业的发展具有重要的促进意义。这也是通过数字化手段达到公司各部门或者子公司之间的财务数据互联互通的目的，实现财务组织和管理的协调统一发展，将智能时代背景下的财务数据由复杂变得简单，努力缩小行业之间的沟壑，减少由于地区的不同而产生的限制，使企业领导者可以用最快的速度做出正确的判断、正确的管理决策，帮助企业实现转型升级。

（三）促进财务人员转型的选择

在信息技术高速发展的今天，企业要想促进财务管理能力的提升，就需要进行财务会计的升级转型。与此同时，在数字经济发展的背景下，一个企业能否转型成功，在一定程度上取决于企业的财务人员的素质是否达到了数字化的标准。然而，当前大部分的财务会计人员都处于仅能处理简单的会计工作的尴尬局面，无法满足企业开展精细化会计工作的需要，而产生这一现象的原因是他们缺乏对政策、行业环境的敏感度。数字化转型是企业财务工作的发展方向，也是促进财务人员转型进而组成专业性更强、综合素养更高的财务部门的重要途径。

（四）提升财务工作效率的工具

现阶段，财务共享服务模式仍有美中不足之处，财务共享服务在工作中仍然存在一定的缺陷，尤其是对规模较大的企业来说，企业在进行财务工作时，还没有完全脱离旧的核算方式，这导致财务工作效率难以提高。企业可以借助云计算、人工智能、移动互联网等先进信息手段完成数字化转型，优化对企业的管理，对数据进行自动收集，减少人力、物力等资源的消耗，提高财务工作效率。企业在数字化转型的过程中应该注意，企业应该最大限度地提高企业的数据量，使数字化、信息化运转平台具有更强的准确性和决策性，进一步提升企业的运行效率。

三、财务共享数字化转型的新特征

（一）流程的自动化

随着现代化技术的发展，机器人流程自动化技术逐渐成熟，AI 技术在自动化财务领域的应用逐渐广泛，在财务共享流程中，很多重复性、标准化的工作开始由财务机器人自动完成，光学字符识别技术也在智能财务中发挥着作用，方便图像的识别与读取，让系统可以自动识别图像，解放更多人力。在未来财务共享中心中的一些常规性工作将由财务机器人完成，财务共享中心正在向财务自动化中心转变。

（二）岗位的移动化

在互联网技术快速发展的加持下，财务共享中心集中化办公的模式也在向分散化、移动化发展。共享中心的员工可以不集中在共享中心内办公，处理共享中心业务的员工可以在不同城市、地域办公，也可随时在交通工具上进行操作。"互联网＋财务"使财务共享中心的服务在一体化的同时也具有了跨地域、跨时空的特性。

（三）运营的外包化

目前，一些企业已经开始把财务共享中心从内部员工服务向外包发展。由于财务共享中心的一些工作职责已变得更加清晰，而且岗位也不再限于在特定的地点办公，可以将这些工作外包给相关的专业机构，但这也会对公司的风险管理造成一定的影响。

四、财务共享数字化转型的核心要素

（一）数据要素

在数字化经济的发展和推动作用下，现代企业在经营发展环节的核心服务要素已经逐渐被改变。与传统的生产要素相比较，数字化转型模式下，数据要素成为维持经济发展的主要因素。结合数据进行分析和思考将成为新的思维模式。在信息技术的支持下，企业数字化转型已经从传统模式不断突破至全新的数据时代，在此环节，其数据记录效率与以往的经济模式发展状态相比较具有更加广泛的优势。数字化转型的基础是确保自身的思维及认知能力，保证管理层与基层工作人员的认知和思维素养可以获得同步发展，进而全面实现数字化管理模式。

首先，领导层的认知及思维模式的发展和转型是至关重要的环节，同时也是实现数字化转型的基础所在。作为企业领导层，其本身要具备较强的思维能力及数据分析能力，为实现数字化转型做好基础建设，从而提出更加完善、合理的转型方案。同时，对于基层工作人员而言，加强财务共享服务意识是第一要务。很多基层工作人员无法有效落实数字化转型需求，其根本原因在于缺乏较强的财务共享服务意识，把数据要素作为主要引导元素，可以有效培养基层工作人员的财务共享服务意识。无论是对于领导层还是基层工作人员，均要以培养其较强的数据整合能力、数据分析能力等为核心。因此，在实现企业数字化转型的阶段，数据要素是财务共享服务转型的核心因素之一。其次，应注意构建企业的标准化流程体系，使企业能够更加高效地获取数据，以此通过构建财务流程化、标准化、数字化的财务共享平台，确保企业尽快实现数字化转型。

（二）平台要素

企业在发展过程中利用平台化运作可以对资源进行合理的分配，并且可以及时满足消费者的需求，有效提高自身防范风险的能力；同时，企业实现平台化运作可以有效提高内部员工的工作积极性，为企业的可持续性发展注入动力。平台化运作可以满足互联网时代灵活组织形式的需要。平台型组织弥补了传统纵向价值链线性关系的不足，线性价值链的两端不再是客户和供应商，打破了原有的企业每个部门的层级设计，逐步形成了以目标、创新为导向的团队式组织。财务共享服务实现了会计集中核算组织向创新型会计组织模式的转变。基于互联网时代的特点和优势，通过平台化组织的管理创新进一步创新财务共享服务。将财务共享服务视为一种平台，可以通过平台化组织的优势和特点，利用数据共享，在企业内部不同部门之间实现跨部门的协同，赋予部门一定的自主权，每个部门自负盈亏。

（三）智能要素

智能发展为现代企业的发展和社会的进步起到了较强的助推作用，结合目前阶段企业发展智能化需求的环境，对具有创造力的劳动力冲击较大。充分体现人才资源的价值，注重数据的预测、管理及风险控制工作，进而有效确保企业数字化转型的效果。同时，针对实现数字化转型的企业，加强创新型的财务共享服务模式的建设，以此保证企业的转型效果，实现智能化发展目标。另外，在以智能发展为核心及目标的财务共享服务工作中，加强第三方平台的融入，满足实现智能化的根本发展需求。因此，在企业实现数字化转型发展环节，应强调智能要素的重要作用，有效保证企业数字化转型效果，推动企业经济效率的提高。

（四）协同与连接要素

协同是组织效率的来源，财务与业务的分工协作可以有效提高财务的服务价值。因此，随着市场经济的不断发展，企业可以通过业财融合进一步挖掘财务的管理价值以及控制决策的价值。财务与业务之间的协同是业财融合的本质，企业在大数据时代中通过数据思维推动会计数据和业务数据的同步，以此促进业财的深度融合。在互联网时代，企业内部的财务工作利用第三方平台的优势实现了外部协同，为企业业财的内部协同奠定了坚实的基础。2.0版本的财务共享服务会通过个体以及组织之间的相互协同，进一步释放出财务共享服务的生产力，有效提高财务共享服务的服务效能，促进财务服务共享的数字化转型。

五、财务共享数字化转型的风险

财务共享服务中心作为企业职能部门，为相关单位提供着专业化的服务，其主要工作是一些低附加值且重复性高的工作。当前，大多财务共享服务中心多采用部门制、分公司制架构，同时受到企业自身条件的限制，使得财务共享服务中心也面临着一系列的风险，如员工流失风险、流程管理风险、采购审批风险、收款风险等，这可能会影响企业数字化转型的步伐，阻碍企业的发展。

（一）员工流失风险

人是企业发展的核心，其观念影响着企业发展方向与路径。在财务共享服务模式下，企业员工观念是影响财务数字化转型的重要因素。在推进财务数字化转型的过程中，企业管理方式也在从以结果导向的目标化管理向以过程导向的流程化管理转变，难免存在员工不理解、不认可等问题，部分员工甚至会出现抵触心理或行为。同时，在财务数字化转型的过程中，也有可能引起员工动荡甚至人才流失等问题。对此，倘若员工观念不能随着财务数字化转型而转变，一定程度上也会给数字化转型带来阻碍，影响企业发展活力。

（二）流程管理风险

在建立财务共享服务中心后，原有的财务管理流程可能存在与其不相适应的情况，但是众多企业却尚未意识到或重视这一点，使其带来了一些问题。比如，财务管理流程的不匹配会导致财务共享服务中心的办事效率低，甚至影响企业运营管理水平。同时，财务共享服务中心运行的特征使其不能同其他部门一样进行差异化处理，不能独立决策、自主管理，极易造成企业内部管理的混乱，影响企业财务数字化转型的效率。

（三）采购审批风险

大型企业在各分公司的目标设定上或多或少存在一定差异，虽然会有一定的创新，但是在整体上仍会延续母公司的管理制度，也就是说母公司在管理制度上存在的问题，也会体现在各分公司上，如采购制度的不合理、审批流程的不规范等，这会影响企业销售管理结构的合理性，使得企业整体负债率始终处于较高水平，也会影响企业的资金链结构，造成融资难、周转难等问题，束缚企业发展。

（四）收款风险

在企业的运营过程中，账款的回收是企业进行研发、生产、销售的重要保障，决定着企业营销战略的合理性。倘若财务共享服务中心在账款回收环节出现了问题，那么相应地会导致票据管理不当、销售回款不利等问题，同时也会降低财务共享服务中心的服务效率和执行力，使其难以发挥作用，给财务数字化转型带来桎梏。

六、财务共享数字化转型的策略

（一）财务共享流程再造

企业在构建完财务共享服务中心后，传统的财务管理流程已经无法很好地满足现在的发展需求，会导致财务流程出现问题。例如，财务管理流程的不匹配会在一定程度上降低财务共享服务中心的处理效率，甚至还会对企业的运营和管理造成不利影响，且财务共享服务中心运行的对象和层面较多，必须进行针对性的处理，否则很容易导致企业内部管理混乱，从而阻碍企业的财务数字化转型的顺利进行。因此，必须实现财务共享流程再造。迈克尔·哈默（Michael Hammer）在美国提出了流程再造的建议。流程再造是建立和实施财务共享服务中心的关键环节，流程的分析、改进和优化是财务共享服务模式和其他财务管理模式最大的不同之处。财务共享流程再造的具体内容有管理制度化、制度流程化、流程岗位化、岗位职责化、职责表单化、表单数据化和数据信息化。财务共享服务中心建设过程中的流程再造，应以迈克尔·哈默提出的多阶段模式为参考，根据财务共享服务的具体特点，满足业务管理和控制的需求。

第一阶段，应构建财务数字化转型的变革环境，主要包括六个环节：明确流程再造的目标，获得相关领导人员的支持，制定计划和组织培训，判定主要流程，组建项目团队并安排流程负责人，从项目目标、重要性和计划方面实现统一。

第二阶段，流程的分析、诊断和重新设计，主要包括七个环节：诊断现有流程、诊断环境条件、查找重新设计基准、重新设计流程、基于新流程评估现有员工、基于新流程评估当前技能水平、测试新流程设计方案。

第三阶段，适配组织再造，主要包括六个环节：检验组织的人力资源情况、检验技术结构和能力、匹配组织再造方案、重新定位岗位并进行培训、组织岗位调动、构建完善的基础结构和技术。

第四阶段，流程穿行测试，主要包括六个环节：选择试点流程，成立试点流程团队，明确参与试点流程的单位和供应商，开启、监控和支持穿行测试，检验测试情况并考虑建议和反馈，根据测试结果进行优化和调整。

第五阶段，不断优化，主要包括四个环节：评估流程再造的效果、使客户看到流程再造的好处、发掘新流程的功能和作用、不断进行循环改进。

一般情况下，这五个阶段需要按照顺序循序渐进，然而，考虑到企业各自的实际情况，可以同时进行，也可以交叉进行，这也意味着这五个阶段不是线性过程，而是彼此融合、循序渐进的闭环管理过程。

（二）推进业财融合一体化建设

首先，应该构建财务同业务部门沟通的渠道。财务共享中心的一个重要职能是提供服务。很多企业的经营模式、产品结构具有多样化的特点，因此，为了降低财务同业务部门沟通信息的难度，避免财务和业务各自为政、互不沟通的窘状，企业可以在财务中心内部设置专门的沟通渠道，建立专门的沟通部门。沟通部门的财务人员应该深入业务部门进行学习，了解企业具体的业务流程。同时，财务服务中心应该将财务流程文件下发到各个业务单元，或者上传到共享信息平台，这样就能降低业务人员进行财务工作的难度。

其次，努力实现业财一体化。财务服务共享中心的优势之一是能实现对业务流程的快速响应，提高与业务的匹配度。举例来说，企业可以构建共享模式+审批平台的模式，实现合同单号查询、审批、下单、入账等自动化处理。

（三）搭建高效的财务共享信息化平台

在企业财务数字化转型的背景下，建立财务共享服务中心不仅是打造新的平台和系统，更是利用技术增强企业的核心竞争能力。

第一，流程管理功能。各种各样的数据已成为推动财务共享服务中心开展工作的核心元素，提高数据的质量是有效优化财务工作的关键，应当使所有业务部门之间的内部信息对接更加流畅。

第二，数字表现力。与传统的报告和业务分析工具相比，代表业务条件和变化的数字需要更加严格的逻辑和更加准确的表述。

第三，应对持续变化的能力。灵活性和变化性是数字时代的主要特征，在数字时代，财务共享需要与之相融合，并不断地进行主动的决策和及时的改变，以适应快速发展的数字时代。

（四）搭建数据管理基础，构建财务大数据中心

在制定推动企业数字化转型的财务共享服务策略的过程中，财务数据中心作为其中的关键环节，其主要作用在于搭建财务管理数据的基础。为了稳步提高财务数据中心的设计效果，保证企业提高数字化转型的工作效率，应以强化数据真实性、有效性为核心，保证财务共享服务数据的构建效果。

首先，对于搭建数据管理基础、实现财务大数据真实性这一发展目标，要注重结合财务管理的根本目的进行设计，将基础性控制内容和方式以业务数据采集为核心保证实现业务数据采集的目标。

其次，财务大数据中心的构建工作，不仅要具备较强的真实性，更要具备较强的有效性，从而将相关策略进一步落实到实际工作中，以此保证企业数字化转型工作的成效，同时，还要延续数据管理的核心，进而确保财务大数据中心的建设效果。为了让数据采集效果得到提高，需要及时避免对无用数据的采集，通过智能数据采集模式进行搜集信息工作。

对此，财务数据管理中心及管理人员应通过多个方面完善数据采集工作，充分提高企业数据分析及风险控制效果。其一，拓展财务及业务工作数据，结合业务及财务一体化的发展背景，强调财务核算工作的清晰性，保证数据的真实性。其二，要注重结合企业数据进行综合分析及拓展工作。基于数字化企业的发展需求，以往的数据整理及分析工作已经无法满足当前阶段财务风险控制等多项工作需求，对外部数据进行拓展、运用，能够有效优化数据中心的建立效果。其三，强调将结构化的数据进行拓展，将非结构形式的数据进行统合及整理，是完善大数据中心的重要基础。在以往的财务数据整合工作中，大部分数据以结构形式为主，但是对其中存在的部分非结构形式的数据同样要加以重视，不仅要充分体现智能技术的应用价值，更要加强技术元素的渗透，以此完善并提高财务管理数据中心的建设效果。因此，在企业数字化转型财务共享服务策略制定阶段，注重搭建数据管理基础，构建财务大数据中心能够帮助企业迅速实现数字化转型。

（五）避免税务风险，多维度考虑财务共享工作

1. 构建规范的税务管控机制

整理企业所涉税的业务流程、重要风险点以及主要风险管控点，构建出税务数据标准，并逐步构建企业内部税务共享机制与规划数据库；打通内部税务数据与外部税务局数据的全面互联，使用统一的税务标准，构建企业发票池，建立以增值税管控为重点的税务共享机制，有效汇集涉税账目，利用现代化的技术，实现采购与发票的获取、验证以及认证服务与财务体系的高效连接，彻底消除发票不合规的风险，加快供应链协同效率；与销售平台对接，实时监控销售进货、销售、库存数据，有效降低风险；确保企业财税数据的一致性，实现产财税一体化，推进纳税申报自动化，实现高效的税收管理。此外，还应监测对比税收情况，逐步推进企业整体风险防控与税收筹划工作，挖掘财税数据管控的价值，协助企业重塑税收、票务有关业务等。

2. 建立税务风险监控体系

将税务风险观念落实到企业的运营管控过程中，满足税务控制要求；构建内部税务风险管控预警标准；规范涉税业务流程，设置涉税风险场景和监控标准，扫描涉税信息数据，实时监管企业涉税风险，及时找到异常涉税风险问题；获取风险情景的风险状况，量化评估企业涉税风险状况；构建外部审计预警标准；汇集外部财务信息数据，对企业的涉税信息开展建模工作，构建行业税收剖析指标，帮助企业全面掌握行业的税收水平；经过行业对标，剖析企业税务水准，找出税

务管控中潜在税务风险及薄弱环节，弥补不足，变被动为主动，高效展现出风险管控的作用。

3. 改进税务剖析规划体系

通过改进规划方案，实现企业对税收风险的闭环式管控；定期监察税务风险管控机制的贯彻落实情况，及时汇总剖析管控效果，改进调控问题，提升整体效果，全面、高效地预防企业税务损失；通过大数据剖析和风险管控体系，及时找到财务共享工作中潜在的问题，为今后的申报剖析工作提供有力的数据支持，建立税务自查观念，按照我国税法监察企业中各项财务共享指标是否存有差异，并组织全体财务工作人员加入税务风险管控、排查及预防体系的构建，以此应对企业所要面临的各类风险问题。

第二节 管理会计数字化

一、管理会计数字化转型的必要性

（一）抓紧时代脉搏

我国中共中央办公厅、国务院办公厅颁布的《国家信息化发展战略纲要》中明确指出：互联网日益成为创新驱动发展的先驱以及主导力量。各行各业都应该加快信息化发展，没有信息化就没有现代化，将我们的国家建设成一个数字国家。在大数据时代的背景下，信息技术与自身产业相结合的方式已经应用到了各行各业。企业为了谋求发展、增加企业效益、提高自身的竞争力，积极面对新时代的发展以及新时代的要求，我国中国特色社会主义进入了新时代。管理会计的数字化转型也迫在眉睫，随着市场经济体制改革的深入发展，国家更是大力支持高端技术领域的发展。基于互联网技术的大数据将推动成本核算向更加精细化的方向发展；基于人工智能的企业资源管理计划能够显著降低系统内部各子系统之间的信息获取速度和传输速度，从根本上推动管理会计数字化转型，使得管理会计数字化顺应时代发展的浪潮完成转型的目标，提高企业的竞争力，使企业朝着一个良好的方向发展。

（二）满足企业需求

数字化时代悄然而至，逐渐改变着企业管理的模式，但是很多企业并没有做好管理会计转型与创新的准备。管理会计需要在财务会计的基础上通过量本利分析、成本分析以及预测分析等手段，对企业经营信息进行准确的分析与预测，充分发挥出信息的价值，以此为企业经营决策提供必要的依据。数字化管理模式下的管理会计可以进一步降低数据收集与处理的成本，有助于提升企业经营决策的效率，其转型与创新的目的就是满足企业经营发展的需求，提高企业经营决策的准确性，增加企业经营优势，提高企业核心竞争力。

二、管理会计数字化转型的原则

数字化转型，是对企业内部财务与业务进行系统性的调整，除了要引入信息化技术之外，还要做好组织活动、流程、业务模式和员工能力的全方位提升。由于国内管理会计发展时间较短，无论是人员转型还是系统融合方面都需要加强控制，而在这一系列工作的管理过程中，企业应当遵循以下原则。

（一）效益性原则

数字化转型下推进管理会计工作是为了提高企业的财务战略水平，减少内部财务管理风险。因此，在应用管理会计阶段，要充分结合数字化技术优化内部工作，采取科学的管理方式，选择适合的管理会计手段优化内部财务控制工作，充分发挥管理会计优势，为企业创造更多的收益，减少管理会计应用中存在的形式化问题，避免为了盲目完成管理会计实施指标而出现工作问题。例如，财务共享服务中心等的运用，促进了企业管理战略水平的持续提升，将管理会计与线上数据处理技术结合在一起，能够为企业提供高质量的财务支持，但是部分企业只注重构建财务共享服务中心，却没有做好专门的人员配置，财务共享服务中心人员数量较少，难以满足工作需求，管理会计的实施没有提升企业经营效益，反而增加了企业的运营成本。

（二）可行性原则

在管理会计数字化转型的过程中，企业也应当遵循可行性原则，优化内部管理会计工作，运用先进的管理会计工具解决财务问题，保证管理会计内容符合企业面临的内外部环境变动，且管理会计工作需要符合企业实际。例如，在管理会计的实施过程当中，部分企业引入了ERP等新型管理系统，但内部处理模块设置与企业经营内容不符，给企业工作人员带来了工作困扰。

三、管理会计数字化应用的发展趋势

（一）智能化趋势

进入数字化时代后，企业管理会计的发展方向逐渐向智能化转化，智能化发展趋势已成为当前企业管理会计发展的新特点。与传统模式不同，数字化管理会计不再以手工管理为主要管理方式，同时对信息系统的运用更加深入，对先进技术的引入和运用也更加频繁。在此背景下，企业管理会计的作用不再受到限制，越来越多的企业开始构建管理会计信息管理系统，同时，随着大数据和云计算等技术的不断发展，企业管理会计智能化的发展趋势变得更加明显。

（二）数字化趋势

进入数字化时代后，企业管理会计向着数字化的方向发展。所谓数字化，通常是指企业管理会计的发展和演进开始与数字化技术进行关联和融合，管理会计的质量和水平也逐渐得到提升。结合数字化的本质，企业管理会计向数字化迈进实际上代表着企业内部管理的数字化发展趋势。现阶段，国内很多企业都开始构建数字化管理系统，涉及销售、人力资源等主要环节，在此基础上，企业管理会计也开始呈现数字化发展趋势，并通过管理会计与企业发展的深度融合提升其应用效果。在实际管理过程中，很多企业已经将销售管理系统、人力资源管理系统与管理会计系统进行有效关联，同时借助数字化等先进技术，完成对数据和信息收集与整合的集成化目标，以此为企业经营管理决策提供更为可靠和真实的信息。

（三）科学化趋势

在智能化和数字化趋势的基础上，企业管理会计的科学化水平也得到了极大提升。例如，企业引入和应用先进技术，使得管理会计的范围变得更加广泛，同时，在信息收集和整理等方面也变得更加可靠和准确，为企业深入挖掘信息价值奠定了基础，最终促进企业信息利用效率的整体提升。此外，随着企业管理会计效能的不断提高，其科学性也在相应地提升，这样企业管理会计就能为企业领导层提供更为准确和科学的决策信息，为企业经营管理各环节提供信息基础，推动企业全局性管理局面的形成。

四、管理会计数字化转型的策略

（一）更新企业管理理念

要完成管理会计数字化的转型，首先要从思想观念上做出改变。大多数企业管理者对管理会计数字化的了解都是微乎其微，甚至完全不了解。有的企业难以完成管理会计数字化转型的任务，难以推动企业管理会计数字化。企业管理者一定要从自身出发，更新管理理念，不断地学习新的管理模式，通过培训课堂、探访专业人士等方法积极地、主动地去推动企业管理模式的改变，明白管理会计数字化转型的重要性，树立先进的管理理念，在理念形成后，设立相关的组织管理制度，将自己的学习成果和理念传递给每一个相关人员，使得他们对于管理会计数字化有一个概念，有意识地去学习、获取这方面的知识。加之国家在这方面也采取了一定的行政手段，制定了相关法律法规便于企业认识到管理会计技术的优势，企业一定要在遵守相关法律法规的基础上提高对管理会计技术的重视程度，管理人员、工作人员都应该提升自己的专业能力和水平，促进企业的管理会计向着数字化方向转型。

（二）创新管理会计模式

在数字化管理模式下，企业的管理会计创新发展要合理地应用互联网技术，依靠互联网产生的海量数据信息构建一个信息数据的存储库，将文字、图形、数字以及视频信息等汇总在一起并进行分类管理，为企业管理会计决策活动、控制活动以及评价活动等提供信息依据，构建"互联网+管理会计"模式。企业管理会计要重视大数据的作用与优势，并通过应用大数据技术提高数据挖掘和处理速度，确保企业管理会计决策的准确性和科学性，以此在市场活动中占据主动地位，推动"大数据+管理会计"创新模式的建立。企业要科学应用人工智能技术，打破传统管理会计的固有模式，简化工作流程，降低管理会计成本，积极引导管理会计转型升级，借助人工智能技术完善财务管理体系，构建"人工智能+管理会计"模式，满足企业多元化的发展需求。

（三）企业提高人才选拔标准

既然企业决定了要转型，那么对人才的选拔、培养都是非常重要的。随着经济体制的发展以及现代互联网对于企业的影响，一个企业转型时肯定少不了新鲜血液的注入，当然管理会计也不例外，选拔优秀的有着先进理念的人才是相当重要的一环。企业在进行人才选拔时，针对会计这一岗位，应该多招募专业性较强、对于新事物接受能力较强的年轻人。年轻人思想活跃，紧扣时代发展的脉搏，想法前卫，对企业的数字化转型有一定的帮助。此外，要注重对企业中的财务会计的培训，可以通过讲课、实践等方式让他们转变传统的思想观念，从而能够更好地实现管理会计数字化转型的目的。将传统中的优势与现代数字化转型相结合，老员工和新员工的思想碰撞对于管理会计行业数字化转型起到了积极的推动作用。数字化转型驱动管理创新，在技术层面有所建树是远远不够的，人才是企业转型的重要因素，只有培养出足够的人才，才能成功完成数字化转型。

目前我国的现状是基础会计工作人员数量庞大，但是高级会计从业人员相对来说却很稀缺。在企业管理会计数字化转型的大方向下，人才选拔一定要落实到位，提高薪资待遇水平，引进高质量人才。当然在此过程中也要注重财务工作者专业素养的培养，管理会计人才的培养往往涉及很多方面，例如，财务工作的从业人员应该紧跟管理会计数字化转型的趋势，从自身出发不断地提高自己的业务能力和专业技术水平。拥有会计专业的高校应改变传统的会计培养模式，更加注重新的方法，创新教学方式，增加实践课，提高学生的实践能力和业务水平，缩短学生在就业时的适应期，为国家培养更多的有着先进思想的高质量会计人才。企业定期进行考核，提高员工的积极性和学习能力，对于新政策落实较好的员工予以嘉奖，刺激行业整体的积极进取性，使得每一个相关从业人员都能为数字化转型做出努力，将转型中的成败案例当成工作中的头等大事，这样才能从根本上完成管理会计行业的数字化转型，在新时代紧跟时代浪潮，不被传统束缚，努力成为"年轻的"企业，也为会计行业的发展起到积极的推动作用。

（四）完善成本计量方式

在高新技术高速发展的今天，企业数字化管理日益成熟，直接人工成本在企业经营成本中占据的比例逐渐降低，而制造成本却逐渐增加，传统的成本计量方式已经落后，需要进行有效的创新与完善。管理会计成本计量方式需要根据企业发展的态势，逐渐形成以作业成本法为主的计量方式，以资源动因与作业动因为依据对企业产品和服务进行成本计量，有效解决传统成本计量方式的片面性、层次单一性以及短期性等问题，为企业发展和数字化管理提供准确、完整的成本信息。

（五）注重前期数据库建设

优化新阶段管理会计内容，创新管理会计体系，在企业的管理会计工作中，注重持续推进线上数据库的建设工作，保证管理会计工作有详细的数据资源作为支持。在前期工作规划中，企业可以根据目前内部的管理情况引入 ERP 等新型系统，以取代企业内部原有的办公系统以及财务系统，实现内部数据的一体化管理，保证对管理数据的集成化控制；同时在 ERP 系统当中构建专门的数据储存模块，将企业内部的办公数据以及财务数据在特定的模块当中进行储存，以构建完善的数据库资源。数据库资源建设工作，要保证以下两点内容。

1.. 实现数据标准化

数据储存过程当中，企业应从实际出发明确信息数据的储存标准体系，在将数据上传至统一的信息系统时，应当按照规范化的标准对原始数据进行处理，保证数据库中数据资源的规范性，便于后期工作人员对信息数据的整理以及分析。

2. 开展数据应用

企业要根据管理会计以及业务应用场景，充分挖掘数据价值，发挥数据的价值，让数据赋能业务和管理。在管理会计应用过程中，为了持续提升管理会计应用价值，也要注重对管理会计相关理论的研究，根据企业所处环境，做好对管理会计理论的分析。例如，可以通过定期邀请专家举行座谈会议等方式，了解管理会计的最新发展趋势，学习先进的理论知识，从而提高管理会计理论规划水平，为管理会计的实际应用提供指导。

（六）实现管理会计标准化建设

在企业经营以及发展的实践过程中，为更好地把握科学数字化管理的发展方向，同时，也为切实有效地提升信息数据的整体处理实效，应该科学全面地推进管理会计的标准化建设，真正实现信息数据的高效化处理。在实践过程中，企业应该按照管理会计创新的相关要求，积极明确不同业务的处理标准，不断细化工作标准，科学精准地优化流程体系，使管理会计的工作得以高效化地实施推进，最大程度保障企业的发展实效。在处理信息数据的过程中，企业应该依托信息化管理系统，实现对信息数据的精准全面分析以及研判，科学且高效地优化信息数据的整体处理能力，进一步保障信息数据处理质量。尤其是伴随着大数据技术的持续发展，数据共享的整体成效不断提升，在实践过程中，企业应该立足于信息数据的共享平台等，科学精准地提升数据处理速度及精度。

（七）创新企业战略决策与控制机制

在数字化时代背景下，企业核心竞争力的提升离不开科学、有效的战略决策与控制机制，数字化管理是企业实施战略决策以及制定控制机制的前提。因此，企业管理会计要满足数字化管理的需求，在管理会计决策、控制思维以及管理方式等方面进行有效创新，向战略管理层次延伸。在数字化管理模式下，企业管理会计要将战略决策、控制机制与管理会计有机结合，并进行适度创新与改造，以此适用不同战略模式下的管理会计决策与控制机制创新。同时，数字化管理使得企业战略决策与控制机制都出现了较大的变化，企业管理会计决策时需要考虑财务因素、不确定因素,并通过多种决策技术的集成实现企业战略决策与控制机制的创新。管理会计的实际应用,尤其是在企业战略性投资决策上的应用,可以将战略分析方法与管理会计的经济评价方法进行有效的结合,并结合实际选择观念打造出新的经济评价模型,提高决策的准确性与科学性。

(八)构建完善的管理会计信息体系

在企业快速发展的过程中,管理会计始终是一种高效且科学的管理工具。为最大限度地提升管理会计的应用水平,企业应该为管理会计创设良好的信息环境,为管理会计提供完善的信息数据支撑,以此保障管理会计的高效性和科学性。基于此,企业应该积极把握数字化管理的发展方向,加大对软硬件的投入,切实有效地构建完善化、精细化的信息化管理体系,真正实现管理会计的信息化以及数据化。企业还应该着重提升内部管理实效,积极形成多部门合力共同创建管理会计信息化管理体系,积极有效地推动管理会计的高效化实施。在管理会计的应用实践中,企业应该加强宣传教育,引导各部门统筹协调起来,积极为管理会计输送关键的信息数据,为管理会计的应用提供必要的信息链条。只有建立在丰富且多元化的信息数据应用的基础上,企业管理会计模式才能够真正得到创新。在传统时代背景下,企业在应用管理会计的发展过程中,往往停留在表层,明显缺乏精细化且科学的利用机制,也没有真正建立完善的信息数据资源库,这无疑在很大程度上制约着企业的长效化发展,也难以提高企业的管理会计应用水平。为卓有成效地解决这一问题,企业在实践中,要科学全面地构建完善的信息管理体系,综合科学地利用不同类型的信息数据,最大程度夯实企业的发展质量,更好地推动企业的长效化、快速化发展,进一步提升企业的核心竞争力。

第三节 财税数字化

一、财税数字化转型的必要性

(一)契合时代发展潮流

在数字化的背景下,企业信息化建设稳步推进,信息化服务能力已成为企业市场竞争的重要筹码,企业财税管理也必须跟随时代发展步伐,加强各部门之间的联系,走一体化建设之路。利用计算机等现代互联网技术的财税管理模式代替传统的税收管理方式,使得传统企业财税管理推陈出新,不断完善各类相关财税管理软件，提高企业信息化服务能力，夯实企业市场竞争的基础。企业财税创新管理是时代创新发展的必然要求，也是企业现代化管理的必然举措。

（二）推动企业高质量发展

对于企业来说，创新是永恒的发展动力。在数字化时代，企业财税管理也必须积极地走创新之路，改变传统的管理思路和模式，追求自身的高质量发展。"互联网+"技术的成熟运用，为企业的财税管理及运营发展提供了信息支持，带来信息的高度共享，也提高了信息的传播速度，为企业财税管理提供技术支持，注入活力。如利用ERP系统、OA系统与金蝶、用友系统，实现财务数据与办公数据的无缝对接，传输到财务系统中进行全链条的电子化处理，使得企业财税管理实现信息化、现代化和高效率化。这种管理模式对应的财税数据不再是静态的，而是动态的，企业需基于财税管理，分析市场经营环境，制定科学的发展战略。

（三）提高企业财税管理安全系数

数字化时代，企业财税管理不仅要追求高效率、高质量，而且也要追求高安全度。对比传统的管理模式，数字化背景下的财税管理模式，操作更透明，安全系数也有所提升，能有效保证企业财税系统安全、稳定地运行。基于互联网快速发展的大趋势，网络安全问题成为企业财税管理的主要威胁，要确保财税管理的安全最关键的是确保管理系统的安全，提高管理人员的综合素质，加快网络技术的创新，保证财税数据的真实有效。如在财税系统上设置网络防火墙，有效抵御黑客入侵、病毒入侵，为企业财税系统的安全运行构建保护屏障，让企业财税数据更完整、真实。

二、财税数字化管理设计

企业集团智能财税管理平台的建设主要包含增值税（进项、销项）发票管理、纳税申报管理、涉税风险管理、税务档案管理、接口集成管理和系统安全管理。

（一）增值税发票管理

在财务共享系统平台上增加增值税发票管理模块，包含电子发票归集、验伪、查重、纸票采集、发票查验、登记、进项数据获取、进项发票入账、发票认证、发票台账、进项统计等。登录财税系统进入统计报表界面，既可以按开票日期、税号等进行查询，也可按商品、销售方、报销人、税率等组合条件进行查询。默认条件为按商品、规格型号、单位进行查询。统计报表可分类查询并汇总显示发票数据及发票台账，可导出查询结果。

（二）纳税申报管理

实现数据抽取、申报底稿、申报表生成、汇总、审核及纳税申报等。

通过财务平台取数 API 数据接口提取财务数据。一般由管理员通过数据接口的参数设置定义财务系统数据的源文件路径、备份文件路径、数据来源、定时任务执行方式、配置文件路径、解析文件路径、签章服务器地址、签章导入地址。数据处理成功与否可通过系统日志查看。

通过对增值税计税台账取数，包括不动产抵扣管理台账、进项转出台账、固定资产抵扣台账、视同销售台账、预征税款台账、纳税检查台账等，计算出相应增值税申报表各附表数据。

快速生成增值税纳税申报表，包括表间逻辑计算、逻辑校验，满足快速、易用、数据准确等基本要求，能自动计算或读取的数据能自动填写，纳税基本信息能从系统中获取的均自动读取，无法自动读取或计算的可人工填列；数据填报时支持数据审核功能。

系统根据嵌入的税务规则及财务、税务表间逻辑等进行自动校验，生成疑点数据一览表。税务专业人员逐一确认疑点后将申报表传递给企业财务主管，系统保留税务专业人员核实记录。系统支持一名税务专业人员对多家不同地域的法人公司申报表审核和确认。系统具有数据自动审核及追溯功能，能通过疑点数据一览表，追溯到明细科目、凭证以及原始单据；企业财务主管审核确认后反馈给税务专业人员，系统自动保存财务主管与税务专业人员的沟通、核实内容。

支持纳税申报模板管理，根据不同税种设定纳税申报表模板的表样、属性、取数规则等信息，报表类型齐全，包含增值税等，未来可以扩展至企业所得税、房产税、个人所得税、土地使用税、印花税及其他税种。报表模板提供表间逻辑，自动计算表间数据，并进行逻辑校验。

（三）涉税风险管理

实现进项风险预警（如认证到期预警提醒等）、风险监控（设置风险指标，进行指标监控）等。提供多种税务风险预警机制，包括专用发票认证到期预警、未达发票预警、不动产抵扣预警、申报数据比对预警等。通过对财务记账数据的筛查，发现存在的税务疑点，并借助税务台账管理，完成税务合规性的审计，并进行税务核算。

（四）税务档案管理

税务档案功能：历史申报数据保管，完整保存历史申报数据，以备税务部门稽查并满足全面税务分析及筹划的需要；建立税务稽查、纳税评估、税务检查资料档案，实现税务活动信息的动态沟通；企业证照档案管理，包括营业执照、房产证等企业基本情况和证照的扫描数据。企业基础信息管理，通过"纸质资料扫描和关键信息录入"，实现企业税务、工商、财务等基本信息的归档。建立全面的组织架构，基于股权控制和管理架构，提取相关数据，多维度查看企业基本情况。

（五）接口集成管理

企业集团财务共享平台、财务管理系统等信息系统与智能发票［OCR（光学字符识别）］系统对接；实现税务管理平台与国税系统的查验发票系统、勾选确认平台、电子抵账库、网上报税系统等的集成。支持 XML 接口文件传输。符合财政部接口规范的凭证明细信息和档案系统检索数据需要的凭证简单信息。支持凭证下的任何格式的原始附件，含业务系统中的直接原始凭证，包括直接原始凭证的附件、影像资料。

（六）数据安全管理

为保证数据的完整性，采用密码机制或具有相应安全强度的数据传输完整性检验机制。对所传输的税务数据、共享系统自身的重要数据及安全功能数据的完整性检验提供支持。如发现其完整性被破坏，对检出的完整性受到破坏的数据进行恢复。依靠操作系统、数据库管理系统提供的回退技术功能，对处理过程中税务数据进行完整性保护，对重要通信提供专用通信协议或安全通信协议服务，避免来自基于通用通信协议的攻击破坏数据完整性。

系统采用加密或其他有效措施实现系统管理数据、鉴别信息和税务重要业务数据传输的保密性，采用加密或其他保护措施实现系统管理数据、鉴别信息和税务重要业务数据存储的保密性。采用由密码技术支持的保密性保护机制或具有相应强度的其他安全机制，在通信双方建立连接之前，应用软件利用密码技术进行会话初始化验证；对通信过程中的整个报文或会话过程进行加密。

三、财税数字化转型的策略探讨

（一）强化理念创新

1. 重塑财税制度理念

财税制度理念是财税制度建设的价值追求和观念取向。数字经济新业态需要在财税制度设计中破除不适应数字经济新模式、新产业、新业态的传统观念，重塑财税制度理念，更进一步地体现公平、公正、公开、责任、法治、有效等善治特征。就税收制度而言，要前瞻数字经济财税制度样貌：一是改革创新现行税种。数字经济作为一种新的经济模式，必然催生与之相适应的税制，包括对现有税种的改造，也包括创设一种新的税种，如国际上通行的数字服务税。在我国，开设新的税种必须考虑效率、公平、管理成本、遵从成本及税收收入等因素，对这些具有内在冲突的目标进行优化组合和科学搭配，考验着制度设计者的智慧。即使如此，政策设计者仍可在次优税制选择路径下，将数字税收设计与整体税收改革结合起来，在不同的政策目标间权衡数字技术、数字经济与新税种设立之间的关系。二是加强自然人纳税制度建设，调整税收管辖权与区域间税收分配制度。

2. 引入"整体性治理"模式

财税治理是一个系统工程，必须将其视为一个整体而非孤立的、静止的系统，并将之放在数字技术大环境中来统筹考虑。传统的财税治理工具化操作的政策取向，使我国财税政策设计重在补漏查缺，陷入应急干预境地，短期行为特征明显，碎片化严重，系统性不强，财税政策、制度设计、监管方式等处于零散状态。由于缺乏相应的策略和科学理论指导，财税工作者在实际工作中未能切实体悟到数字技术、数字经济对财税治理带来的挑战。随着数字技术、数字经济的发展，财税治理内外部环境发生深刻变化，各要素之间、各个环节之间的内在关联日益凸显，需要转变财税治理各个要素、各个环节分割开来的传统思维定式，树立从制度上强化系统治理、统筹治理和协同治理的理念。建构财税治理模式应进一步转变治理思路，转变财税治理模式价值取向，树立整体性治理观，以整体性思维和理念配置财政资源。就财税制度而言，财税制度是国家制度的重要组成部分，不能与其他制度、政策割裂开来，要注重财税政策与金融政策、产业政策的协调性，减少政策之间的冲突和制约，增强整体性、系统性、操作性和可行性，与财政改革相协调、联动，形成内在逻辑的统一，以提高财税政策的精准性和有效性，提升财税治理效能。

3. 强化互联网思维

互联网思维意味着主动拥抱互联网技术，是以"开放、平等、互动、合作"精神审视、改造传统治理模式的一种全新思维模式和思考方式。具备互联网思维，是提升财税治理能力的需要。要以"统一、整合、集约、共享"的方式，从全局视角系统谋划财税数字化建设，从体制机制、平台建设、操作路径等方面系统地推动改革与创新。

4. 强化嵌入性制度思维

每一项制度均作用于传统、习俗、惯例及文化背景中，构成了制度运行的文化背景。因此，财税制度只有嵌入数字技术、数字经济这一大背景，并与我国经济发展新形势、新要求及人们认知水平相适应，才能得到治理主体、对象的认同。基于以上认识，财税制度设计要立足于国家、地方及行业实际，在平衡制度原则性与灵活性的基础上，增强对制度与特定形势下所处的文化背景的适应性。

5.. 强化开放性理念

财税制度建设是一个持续、动态、调整、发展的过程，要遵循发展性和包容性原则，及时对数字技术、数字经济发展的新形势、新要求从制度层面进行有效回应，根据治理形势和任务发展变化对制度适时调适、创新和完善。

（二）探索现代模式业务流程

探索大数据技术在财政工作中发挥的实际作用，应以实际业务工作为根本导向，从中期规划、收支预算、资金效益等多视域出发，充分融合云平台上的数据资源与信息架构，构建助力政府部门智慧型决策的信息集聚库。同时逐步实现财政云平台的多元化发展，更关注个人、企业、项目和行业动态等信息研究与分析工作，这样一来，既可实现对财政收入趋势、支出等动向的综合查询与分析，辅助领导决策，实现财政精准管理；又可以进一步结合行业结构和市场数据，科学引导社会总体资源的优化配置，提高投入产出效益。此外，现代化财政平台大数据分析系统，拥有数据挖掘分析、财政收支监管等拓展职能，进一步为实现财政内部管理和政府有力决策提供科学有效的平台支撑。

（三）积极创新纳税服务体系

税务改革的当务之急是创新发票管理系统，以其信息化促进纳税人信息的完善。在"营改增"的时代背景下，国家税务局出台了新规定，以税收编码的填写实现纳税人网上纳税的操作，省时高效。这意味着企业纳税可以在网上办理，纳税流程更清晰，处理更高效，方便企业各项业务的办理。税收方式的创新也促进了纳税人信息的完善，实现了从"以票控税"到"信息管税"的转变。特别是当前推行的增值税发票管理系统，实现了财税发行、发售、抄报及认证业务的一体化管理。在成熟的互联网技术的加持下，实现了对互联网财税管理的渗透，配合高扩展性的技术支撑环境，实现了对企业财税业务流程的梳理，更好地服务于企业的财税管理。

（四）全力支撑财税体制的改革

现阶段，在财税体制改革发展路径下，深化和保障财政信息建设是当前及今后的工作重心和支撑着力点。所以，在认真学习和深入研究改革方案的基础上，根据方案重新梳理并统筹规划财政总体业务，方能实现与信息技术发展的同频共振。同时以此为基础，运用先进理念和技术方法，设计并建立与之相适应的财政信息化架构，进一步健全和完善业务标准，推动信息共享，健全技术规范，加大执行力度并严格遵照现有业务系统的生命周期，实现信息技术与信息系统的升级改造与整合统一；进而加强对信息资源的高效利用和按需求、分主题的数据挖掘与分析，最终在财政收支、民生支出、基础建设、监督管控等方面全面发力，为国家领导层的宏观调控、预算管理及政策制定等提供科学的信息依据。

（五）积极引入财税机器人

在企业财税管理改革过程中，基于人工智能技术，应推行财税智能机器人，其价值的有效发挥可给企业财税管理带来质的飞跃。随着科技的迅速发展，传统企业财税服务逐渐向智能化方向发展。智能技术的使用使得财务管理减少了人力成本，特别是以信息技术为依托，基于移动终端进行发票验真、排重及预算分析，可以处理简单的报销核算事项。人工智能技术的进一步发展，使得企业财税管理能力大幅提升。

目前，我国越来越多的企业参与到财税信息化变革中，整体市场规模超过了1000亿元。运用互联网技术及人工智能技术，解放了财税管理的生产力，开发出的财税机器人能完成重复性高、难度系数低的基础性工作，给企业财税管理带来新局面。在智能机器人的支持下，企业财税管理改革降低了企业运营成本，提高了企业财税结算申报效率，指导企业做出最佳的财税统筹决策，使得企业各项业务管理持续优化。智能机器人的应用与发展，需要政府部门的支持，加强财税数字化与智能化管理，构建理想的智能财税平台，使企业财税管理水平显著提升。

现阶段，在企业财税人员的时间分配上，占据主体的是日常交易与行政工作，次之的是财务报表的编制，真正用于控制管理的时间少之又少，这就很难为企业运营发展提供行之有效的经营需求分析。如果将财税机器人引入财税管理中，将促使财务人员更合理地分配时间，财务工作人员用于财务分析与决策的时间更充裕，编制财务报表及处理日常事务的时间分别缩减了 1/3 和 1/2。

第六章　企业财务管理数字化的应用技术

近年来，我国数字经济发展迅猛、成就显著，数字化信息技术的创新发展，给企业的生产经营活动带来了持久性的影响，也推动了企业财务管理向数字化转型。而现实的情况是，财务数字化转型才刚刚起步，企业在财务管理数字化转型过程中面临诸多挑战与机遇，在实践领域还存在诸多问题需要研究和解决。本章分为云计算和中台架构的应用、人工智能的应用两部分。

第一节　云计算和中台架构的应用

一、云计算

（一）云计算的定义

云计算技术是计算机领域中最先进和使用人次增长最快的技术。云计算作为一项全新的网络技术，为计算机事业提供了独特的 IT 技术支持。与传统的数据中心相比，基于云计算的服务具有系统独立性、需求性、可重用性和可靠性。云计算是计算技术在整个网络中组织和交付服务的最新发展。实用计算、并行计算、虚拟化和面向服务的架构是云计算的关键特征。"云"一词是指网络、接口、存储和硬件的穿梭，以提供良好的服务。

云计算并不是一个全新的概念。自从 2006 年 9 月，亚马逊成立了子公司，产生了弹性计算云服务器，2009 年 5 月应用程序引擎的测试版被谷歌提出了。此后，许多信息技术组织，如亚马逊、雅虎、谷歌等平台都在利用云计算为其客户提供云服务。

云通过 web 提供独特的 IT 进步和应用程序，可以实现资源计算，如存储空间和 CPU 功率等，作为基本的实用工具，由终端用户通过网络付费和按订单发布。对于那些刚刚成立初创公司的商人来说，满足他们对资源的需求很具有经济价值，特别是当市场有需求的时候可以利用云服务来进行具体的分析。因此，云计算在医疗保健、农业等多个领域发挥着关键作用。云计算具有以下特征。

①超大规模。云计算可提供超大规模的计算资源，有很强的计算能力。能实现大规模的计算是因为物理服务器资源可被转化为物理资源池，可无限扩展。

②快速、弹性、可扩展。计算服务必须拥有能够快速扩展并与需求相一致的信息资源。因此，每当用户有使用需求时，他们就会扩大所提供的服务；当需求结束时，他们就会随着服务的停止而缩小规模。

③资源池化。IT源（如存储、网络、服务器、软件和服务等）被合并，就好像有一个资源库可通过一种未承诺的方式为多个程序和许多租户提供服务一样。许多客户端为相同的物理来源提供了服务。

④高可靠性。云计算自带容错机制，廉价的节点能够成为其计算节点，在公有云模式下，使用率得到明显提高。节点错误能够自动检测，资源能够进行负载均衡，可避免超负荷运行导致服务器宕机等情况。当某节点出现故障时能够自动切换至正常节点，保障云计算服务的安全可靠性。

（二）云计算的分类

云计算的分类繁多，按照云计算服务模式区分，可将云计算分为三种类型：IaaS 基础设施服务、PaaS 平台服务和 SaaS 软件服务。

1. IaaS 基础设施服务

IaaS 基础设施服务即将物理服务器、中央处理器（CPU）、内存、网络、寄存器以及其他计算机物理资源进行虚拟化使其成为硬件资源池，可以根据用户的使用需求，实例化任意规格参数的可使用虚拟服务器，把任意的软件包括各类操作系统选装在虚拟服务器上，可以最大化程度上节约物理资源，目前提供 IaaS 基础设施服务的主流云平台有 Stack Cloud、Open Stack、AWS 亚马逊云服务等，也可以使用 Open Stack 搭建属于自己的云平台。

2. PaaS 平台服务

PaaS 平台服务为用户提供在平台支持范围之内自由安装部署应用程序的环境。PaaS 更适合工具类服务的开发，如 Web 开发、移动应用程序服务端、C/S 模式程序服务端开发等，主要为提供商和软件开发商提供服务，同时为开发人员提供良好的服务器端服务，可解决配置服务器、维护服务器、服务器安全等问题。目前比较流行的 PaaS 平台有 Windows Azure、GAE、Cloud Foundry、阿里云等。

3. SaaS 软件服务

SaaS 软件服务通过云计算平台，向用户提供高质量的、可靠的软件服务，可免费可收费，应用程序只能被用户使用，用户无权改写，只能在云服务供应商允许范围内使用软件服务。目前比较流行的 SaaS 平台有微软的 One Drive、百度云、腾讯云盘、I Cloud 等。

（三）云计算的部署模式

通常情况下云计算的部署模式分为三种，分别是公共云、私有云和混合云。

1. 公共云

公共云是由第三方（供应商）通过互联网提供的云服务。云服务提供商拥有基础设施，将云计算服务通过互联网以按使用情况付费的方式销售给企业或个人用户。公共云的服务提供商通常需要超大型的 IT 基础设施，如大型的数据中心等，世界上著名的公共云有亚马逊的 EC2、谷歌的 Google Apps 等。公共云通过规模经济可以有效地降低客户的风险和成本，尤其是资金相对缺乏的中小企业的风险和成本。国内著名的公共云有阿里云、盛大云等。

2. 私有云

私有云是将云基础设施部署在企业内部，从而使得企业一定程度上具有公有云的弹性计算等优势，但私有云方案是为一个客户单独使用而构建的，因而企业的数据、应用软件等均是架构在企业内部的"云"上。IBM、微软等均提供私有云服务。

3. 混合云

混合云则是公有云和私有云的结合。企业将自己非机密的数据和应用外包给公共云，而核心和机密的数据和应用则采取部署私有云的方案。然而，这里需要指出目前企业界和学术界对以上三类模式的界定还有分歧。美国加利福尼亚大学伯克利分校发布的云计算白皮书认为通常意义上的私有云并不属于云计算的范畴，除了一些具有超大型数据中心的企业之外，即使采用了虚拟化、分布式计算等技术，也不属于云计算的范畴。因为云计算的特点就是超大规模的数据中心和低成本的选址地点。只有当数据中心大到一定规模才能真正实现规模经济，对用户而言才是无限的计算资源。而私有云的解决方案并不能真正提高企业的硬件能力，也不能根本上提高企业的峰值负载能力，从而使得企业在应对瞬间计算需求的大幅度起伏时不具有公共云的规模经济性。

（四）云计算的优势

1. 减少初期投资

对于云服务提供商来说，其数据中心通过海量用户的使用，可以产生规模经济效益，减少长期运营成本。对用户来说，通过按需租用云服务满足自己的业务需求，降低了一次性IT投入，有效规避了财务风险，彻底避开了购置、部署、管理软硬件的麻烦，有效降低信息化建设门槛。

2. 降低管理开销

自动化、高效率地管理应用是云计算的核心功能。在应用生命周期内，动态地管理应用状态，如根据业务需求增减资源配置、增删功能模块等，可以给用户提供灵活的业务管理和便捷的服务。

3. 推进专业分工

与中小型数据中心相比，云服务提供商多是大型的IT厂商，他们拥有更多的专业人才和更高的管理水平，具有丰富的知识和经验，能够提供更加完善配套的软硬件，能够投入更多的科研和经费投入进行技术革新。用户将IT资源外包给云服务商，能得到更加专业的管理。因而可知，云计算带来的是更为专业的分工和更加优化的产业格局。

4. 提升资源利用率

传统模式下，业务的可用性和资源利用的高效性是一对矛盾，这个矛盾导致数据中心只有不到15%的资源利用率。一般情况下，企业会牺牲资源利用的高效性来保证业务系统的高可用性。而在云计算的平台中，云服务的"动态调整、随取随用"既满足了用户的业务需求，又提高了数据中心的资源利用率。据统计，云计算平台中的资源利用率与传统数据中心相比有大幅提升，可达80%。

5. 快速满足需求

企业用户通过网络可以直接租用公有云，不再需要采购软硬件等基础设施，也不用组织力量开发应用，在降低成本的同时也节省了时间、精力，可以更加专注于核心业务。

（五）基于云计算的企业财务管理数字化建设

1. 构建的原则

（1）数字化原则

平台是数字化的，现有会计信息系统可以将记账凭证、账簿、报表等纸质媒介传递的信息转换为数据进行传递，而会计大数据分析平台可以采集企业内外部的所有会计大数据，即从原始单据的采集，到最终会计大数据的分析，全部流程数字化，从而保证会计大数据的实时传递和分配。

（2）网络化原则

平台是网络化的，可以将公司与公司外部、总公司与子公司、公司内部的各个部门通过网络紧密联系起来，把分散在集团内各个公司及部门的会计数据联合，形成一个个环环相扣的信息流。不同公司、不同部门设置不同登录权限，不仅可以将子公司的会计处理核算实时上传总公司，总公司也可以实时把握子公司的会计动态，而且实现同行业中不涉及商业机密的资源共享，有利于公司及时做出正确决策。

（3）智能化原则

平台是智能化的，现有数据处理技术有了翻天覆地的进步，计算机有足够的数据处理、存储能力和先进的分析技术。使用相关关系分析法等大数据分析方法可以轻易地对采集的会计大数据进行深入分析。平台不仅可以克服现有会计信息系统中随机采样错误率高的缺点，而且不易受传统思维模式和固定偏见的影响，能比以前更容易、更快捷、更清楚地分析事物，捕捉现在和预测未来。

2. 平台功能构建

基于云计算的会计数据分析平台是一个智能会计信息系统，是企业管理信息化的一个组成部分，主要采用云计算技术将企业内外部的会计大数据和处理工具集成，实现在线会计大数据分析，并且应用B/S结构模式，企业不需要安装软件，会计人员就可以随时随地上网处理会计业务，管理者可以通过手机、平板电脑等移动终端作为浏览器实时查看决策信息并快速有效决策，集团总公司也可追溯子公司的原始业务凭证。

基于云计算的会计数据分析平台的构建要依据会计准则、会计制度等相关法律法规，将企业内外部所有对企业决策有帮助的原始会计数据与经过加工后的会计数据融合成会计大数据，并对其进行采集、存储、分析、应用，发现会计大数据背后的价值。它主要具有财务综合分析、财务综合决策、财务综合预测、财务综合监控等功能。

（1）财务综合分析

①基于价值链的财务综合分析。传统财务综合分析主要是杜邦分析体系、沃尔比重评分法，以净资产收益率为衡量指标，但是净资产收益率不能衡量企业的价值，它看重企业的财务报告等会计资料，忽略企业所处的外部市场环境、行业竞争力、客户、供应商、员工等因素。

②基于哈佛分析框架的财务综合分析。在财务综合分析体系中，引入哈佛分析框架对企业的会计大数据进行战略分析、会计分析、财务分析和前景分析。在战略分析中，建立对行业发展、竞争战略、企业经营战略情况进行分析的体系，具体表现为在行业发展中分析行业特点、市场需求、行业生命周期、行业竞争力，在竞争战略中分析竞争环境（政治、经济、社会、技术）、同行业其他竞争对手发展战略，在企业经营战略中分析自身的竞争战略（产品、技术、人力等），主要结合价值链中的非财务指标分析体系，采用大数据语义识别技术实现综合分析。

（2）财务综合决策

大数据时代为财务综合决策带来庞大的数据源，财务综合决策不再单纯依赖企业财务会计数据和决策者的经验判断，更多地依赖对数据的获取、处理、分析和应用能力。它所依赖的数据源，可以通过互联网、物联网、移动互联网、社会化网络等多种媒介，从企业内部、税务部门、工商部门、事务所、银行等获取。同时，借助大数据处理技术和方法实现对获取数据的规范化处理，并通过数据分析与数据挖掘技术提取与财务综合决策相关的政府监管、纳税、会计和审计等信息，最后通过商业智能、可视发现、文本分析和搜索、高级分析等技术为各种财务决策分析提供服务。

（3）财务综合预测

在财务综合预测中，结合财务综合分析的成果，根据历史业务资料和外部客观环境等会计大数据，采用单变量、多变量的线性回归方法预测企业的财务危机、经营绩效、成本预算等。

营业成本预测采用作业成本法将成本具体分配到各个作业中，用聚类分析法测试不同因素对成本的影响程度，之后依据历史产量和成本数据的变化趋势，自动选取与变化趋势相同的趋势模型，从而预测未来的成本。

（4）财务综合监控

财务综合监控主要是帮助管理者了解企业经营状况、企业预算执行情况，主要对流动资产和流动负债中的现金、应收账款、应付账款、存货等具体内容进行监控，从而及时发现问题，做出调整，促进企业可持续发展。

（六）云计算在财务管理信息化中的优势

1. 财务管理信息化的成本降低

云计算通过网络技术向购买者提供软件服务，企业在有需要时能够自主选择对应的服务系统。由于云计算提供的服务是以租借的形式被企业使用的，企业可以节约包括资源的购置、安装以及管理费，软件使用许可费用，购买数据库、中间件等平台软件的费用等一系列规模庞大的资金，用较少的投入获得最新的硬件、稳定的软件平台以及优质的财务管理服务，既避免了大额基础设施建设费用和运营费用，也避免了固定资产的采购及成本折旧。因此，应用云计算技术，在很大程度上可以解决企业资金紧张、融资困难、主营业务难以开展等问题，大大降低了财务管理信息化的成本。

2. 财务管理信息化的专业程度提高

云计算技术通过互联网推送的形式，将最新的财经资讯、客户的具体信息以最快的速度传递给企业，大大提高了处理信息的效率。企业将大量财务数据存放在云端，缓解了公司内部存储空间的不足，可以避免因机器故障出现数据丢失现象。企业应用云计算技术，可以实现对企业内外部的财务数据的集合采集，降低了时间成本，从而更有利于员工开展财务工作。同时企业的管理者可以在第一时间得到充分的数据，对企业风险的识别和把控更具时效性，实现对企业的财务状况的实时掌控。

3. 数据管理的可靠性增加

云计算运用现如今优越的信息技术，将用户的财务数据集中存放在网络空间，并采用分布存储的方式。一方面，云计算将具有超大空间的网络服务器提供给企业，并配以专业团队对企业的财务管理做出分析控制，规避了因员工技能不足造成的数据安全问题，由此使得企业在系统中存储的数据信息更有保障。另一方面，云计算改变了原始存放数据的形式，转变为多个部分分布存储的新形式，避免了企业设备故障引起的数据丢失的问题，比原始的数据存储方式更具可靠性。

二、中台架构

（一）中台定义辨析

"一千个读者就有一千个哈姆雷特"，用这句话形容技术圈对中台的理解再合适不过了，这也说明了大家对中台的定位和理解还存在很大的争议。

阿里对中台的定义："中台是一个基础的理念和架构，我们要用中台的思想建设、联通所有基础服务，共同支持上端的业务。业务中台更多的是支持在线业务，数据中台则提供基础数据处理能力和很多的数据产品供所有业务方使用。即由业务中台、数据中台、算法中台等一起提供对上层业务的支撑。"Thought Works对中台的定义："中台是企业级能力复用平台。"

综上，可以提炼出几个关于中台的关键词：共享、联通、融合和创新。联通是前台以及中台之间各业务板块的联通，融合是前台企业级业务流程和数据的融合，并以共享的方式支持前台一线业务的发展和创新。

中台首先体现的是一种企业级的能力，它提供的是一套企业级的整体解决方案，解决小到企业、集团，大到生态圈的能力共享、业务联通和融合的问题，支持业务和商业模式创新。通过平台联通、业务和数据融合，为前台用户提供一致体验，更敏捷地支撑前台一线业务。

中台来源于平台，但与平台相比，中台更多是一种理念的转变，它主要体现在以下三个关键能力上：对前台业务的快速响应能力，企业级的复用能力，从前台、中台到后台的设计、研发、页面操作、流程、服务和数据的无缝联通、融合能力。其中最关键的是对业务的快速响应能力和无缝连通、融合能力，尤其是对于跨业经营的超大型企业来说，这种能力至关重要。

（二）中台战略

中台是在利用数据价值的基础上，适应商业环境变化和科技革命挑战的产物。企业在谋求数字化、平台化模式转型的过程中，所建的信息化系统的前台多是企业直观反馈给用户的终端平台，强调灵活、高效。而后台则是由企业系统数据组成的支持平台，强调稳定、规范，无法快速满足和适应前台的创新需求。为了解决目前前台和后台运行协同不顺畅、不匹配的问题，适应需求的快速迭代，"中台战略"这一概念就应运而生。

中台既可以是企业的互联网技术设施架构，也可以体现出企业在组织管理架构中的一种战略思想，即构建企业生态、解决企业信息割裂无法实时协同的问题。

中台作为企业级能力复用平台其实是对前台和后台的高效连接与沟通，在中台沉淀出核心业务能力和通用逻辑并将这些打造成模块化功能，供前台各业务部门调用，实现能力、资源、数据的集成。同时通过技术设计模块化、经营活动场景化，重点强调复用功能和共享能力，从而减少重复低效的工作。在 2015 年，阿里集团就实施了"大中台，小前台"的战略，为旗下业务打造了综合运用信息技术、具备数据运营能力的独立中台，全面升级为创新灵活的组织结构与业务机制，以应对前台客户端需求的多变性、差异性和多元性问题，从而降低了系统建设、运维和人力资源的成本。

财务是对信息系统要求和依赖程度很高的职能部门。在数字经济时代，企业财务数字化转型实现了企业财务的统一化管理，符合大型企业集中管理的具体要求。而将中台战略应用到企业财务中，能够帮助企业财务梳理、分析财务数据，架构起企业级的财务中台，并且有利于打通企业各部门的壁垒，搭建信息共享接口，避免财务系统重复建造，满足供应商、客户以及利益相关者的需求，从而建立全价值链业务财务体系。

（三）基于中台架构的建设方法论

1. 技术中台建设方法论

①分布式架构的方法论。技术中台是整个中台架构运行的支撑支点，技术中台的抗压能力、扩展能力是基本的诉求。因此，在分布式架构中，各服务节点可根据需求进行水平扩展，通过随机、轮询、权重等策略实现负载均衡。

②开源优先的方法论。技术中台要实现分布式的服务架构，本身具有一定的复杂性。互联网、移动互联网发展这么多年，形成了很多的开源软件生态，采用开源的技术，是快速构建且能达到建设目标的最好的方法。

2. 业务中台建设方法论

业务中台将通用的服务能力沉淀下来，以此快速支持前端不断变化的需求。业务中台包含很多的业务中心，业务中心本质是一种共享服务中心。

①高内聚、低耦合的方法论。一个业务中心内的业务具有高度相关性，依赖性很强，业务中心有对应的业务范围。业务中心之间的业务隔离比较大，即追求尽可能的低耦合。

②数据的完整性方法论。这个方法是指在业务中心做数据模型时，不光要考虑业务逻辑的关键数据，还要考虑业务相关性数据。保障业务中心之间，业务中台与前台、后台的数据流转，在整个中台的架构里，数据具有完整性。

③可流畅运营的方法论。业务中台是技术型服务平台,但它必须从业务出发,承载业务逻辑,沉淀业务数据。可流畅运营是业务中台建设的最重要的方法论,它不是简单地满足上层的业务需求,而是能顺应前台的变化而变化,让数据来源、数据分析、业务生产形成自然的闭环。

④循序渐进的方法论。服务化的架构本身就是一种实践,推出一个功能,就开始运营,再推出另外一个功能,继续运营。循序渐进的建设方法,是业务中台走向成功的最好的方法。

3. 数据中台建设方法论

①全局方法论。全流程一体化,即从数据采集到数据服务实现全链畅通,不让用户在不同的阶段切换产品。向上多样化赋能场景,为不同的用户提供差异化服务。向下屏蔽多计算引擎,不管使用那里的云服务,都应尽可能地兼容或屏蔽,让用户体验更好。在构建数据中台的过程中,业务和技术是需要协调互动的,而不是单向关系。

②统一数据体系方法论。统一数据体系方法论至少包括数据标准化、技术内核工具化、元数据驱动智能化等内容。首先,数据标准化,应从源头开始实施数据标准化,包括数据指标梳理、数据字典的标准化。只有每个数据是唯一的,数据模型才稳定,数据服务才可靠。其次,技术内核工具化是指技术内核要全面工具化。全流程的工具化是数据链路打通、数据规范、数据标准落地的保障。最后,元数据驱动智能化。元数据对计算、调度、存储意义非凡。在源头对每个元数据进行规范定义,实现数据的原子化和结构化,并将其全部存于元数据中台,这对后续的数据建模、计算自动化具有重要意义。

(四)中台战略思想下的财务信息化体系构建

随着中台战略思想与新技术的兴起,很多企业向中台化转型、财务信息化方向转型,向多层次"智享"趋势发展,构建涵盖"财务中台、数据、人才、制度、管理"的全方位的财务信息化体系,有助于企业财务中台的建设以及财务信息化行业与人才的未来发展。下面分别对体系框架与体系主体内容进行说明。

1. 体系框架

中台战略思想下的财务信息化体系框架由体系主体、目标、内外环境、理论技术四大部分构成,体系主体涵盖五个方面,分别是以财务中台为核心的财务信息化平台、业财主数据标准体系、财务信息化人才体系、财务信息化制度体系以及财务信息化管理体系。体系框架的内在逻辑是在综合分析企业内外部环境、敏锐感知前沿趋势的基础上，融合运用财务等专业理论与各种新兴技术，搭建中台理念下的财务信息化平台，并从数据、人才、制度、管理体系四方面提供支撑，保障财务信息化平台的运行与发展，进而实现财务信息化的"智享"目标。

体系框架的目标源自上文分析的财务信息化"智享"发展趋势，包括智慧、智能、智数、共享、乐享、畅享六种含义。内外环境是指影响财务信息化建设的内部要求与外部环境，包括企业战略、财务战略、行业特征、监管要求等。

理论技术是指与财务信息化相关的理论知识以及影响财务信息化发展趋势的新兴技术，包括管理会计理论与机器学习、区块链、物联网等新兴技术。

2. 体系主体内容

（1）以财务中台为核心的财务信息化平台

随着中台战略思想的兴起，大型企业陆续搭建企业中台。在此背景下，基于中台理念构建以财务中台为核心的财务信息化平台，可以将具有通用性、普适性的核心财务能力沉淀下来，实现财务能力在集团型企业中的复用和共享，降低重复建设成本，快速响应前台业务变动对财务工作的影响。财务中台主要由财务业务中台、业财数据中台两部分构成，作为业务与财务之间的桥梁，发挥承前启后的作用，简化财务前台工作流程并给财务后台提供保障。财务业务中台是企业的财务共享平台，可在子公司调取沉淀下来的可以复用共享的能力；业财数据中台类似于数据仓库，对后台及财务业务中台流入的数据进行存储、产品化。

（2）业财主数据标准体系

数据是财务信息化的"基石"，一切分析与应用的有效性都要建立在准确的数据的基础上，企业最核心与被重复使用的基础数据"主数据"又是重中之重。因此，构建统一的主数据标准体系是业财数据一致、完整、准确的保证，能促进企业财务信息化地发展，利于财务信息化的数据基础，助力业财数据中台发挥作用。主数据标准体系是针对财务信息化数据中台涉及的业财主数据建立的，主要包括业财主数据应用标准、业财主数据集成服务标准以及业财主数据管理规范三项内容。业财主数据应用标准是业财主数据标准的关键内容，是数据模型的标准，包括业财主数据编码标准、业财主数据属性标准；业财主数据集成服务标准主要规定了集成接口、数据压缩方法、数据加密方法、集成日志应用等，为接口集成统一、规范提供保障；业财主数据管理规范主要对管理活动的内容、程序和方法进行规范管理，是业财主数据相关管理人员的行为规范和准则。

（五）中台架构在企业财务中的应用意义

1. 促进业财融合

财务中台能够重构业财关系，实现业财深度融合，并且能提高财务数据和业务数据的协同性，为客户、供应商以及利益相关者提供全方位的服务。财务人员通过预测模型、风险预警、绩效评价等来指导业务活动，并把财务的价值管理理念贯彻到业务活动中，从而构建一个集财务、生产、销售、采购于一体的综合管理体系。

2. 实现信息共享

中台实现了跨部门和跨人员的紧密合作，流程和信息在线上接入，并在统一的平台上追踪和分析数据，将以往的信息拼图有机整合为信息全貌，从而增强信息交互能力，指导各部门的工作，优化资源配置效率，实现共享服务与管理。

3. 推动财务转型

财务中台正由核算型财务向管理型财务再到赋能型财务转变。依托财务中台，财务人员能够将精力集中于企业的经营分析，充分发挥管理职能。同时，通过大数据、云计算、人工智能等技术对这些数据进行深度分析、比较和预测，企业能够用数据去管理，使财务管理更加动态化、业务化和直观化，助力企业未来决策。

4. 改善企业管理

财务中台可以改变管理层、财务人员、业务人员的传统思维方式，用共享和数据的观念看待企业管理和运营。财务中台实行企业集团监管，让企业各部门有更多的自主权，并且能够更及时应对市场、客户的需求变化，激发创造性和积极性，实现组织效能的提升。

5. 实现数据价值

财务中台解决了"数据孤岛"的问题，并且打通了数据供应链，跨流程横向利用数据。另外，通过信息技术能力构建的财务中台，可以实现数据获取的实时性，扩展数据获取来源，提升数据存储能力，将其逻辑化、结构化、可分析化，并通过报表、可视化工具等显示出来，促进财务信息在多场景中的应用。这样一来，财务中台可以实现一切业务数据化、一切数据业务化，从而利用数据推动业务发展。

第二节 人工智能的应用

一、人工智能的定义

人工智能作为一门交叉性学科和综合性学科,发展至今仍然存在着很多争议,人工智能的概念界定也没有得到统一,不同的学者对人工智能的定义不同。麻省理工学院的研究人员认为,人工智能是研究如何使计算机去做过去只有人类才能完成的智能的工作。斯坦福大学人工智能研究中心认为,人工智能是一门关于知识的科学——如何表示知识、如何获取知识以及如何使用知识。还有学者认为人工智能是一种创建机器的技术,这种机器能够完成需要人的智能才能完成的任务和工作。此外,国内很多学者也对人工智能的定义进行了讨论。国内大多数学者认为,人工智能是用计算机去模拟人的智能行为的技术,认为人工智能近期的主要目标是用机器来模仿人类大脑的某些智力功能。将人工智能看成一个知识处理系统,这个系统主要解决知识表示、知识获取和知识使用等三个核心问题。人工智能就是研究怎样用技术的方法在计算机上模拟、实现和扩展人类的智能活动的技术。

综上可知,虽然国内外学者对人工智能的定义和理解不尽相同,但是这些定义都反映出了人工智能的基本思路和核心内容,即人工智能主要是研究人的智能活动的规律,并模拟和实现人类智能行为的一门科学。由于本书主要研究的是人工智能技术、资本对人的发展的影响,因此,本书认为,人工智能是研究人类智能活动的规律并用人工的方法在机器、计算机、软件、网络等一系列非生物载体中模拟、实现、替代和扩展人类智慧的一门技术科学,是一个集自然科学特性和社会科学特性为一体的复杂系统。

二、人工智能的特征

(一)革命性通用目的技术

人工智能是一种革命性通用目的技术,能够对经济社会的各个领域产生深远的影响,能够从根本上改变人们的生活方式、生产方式、思维方式,进而推动经济发展和社会变革。

（二）对人的解放

人工智能可以模仿和实现人类的智能活动，能够自动根据逻辑指令来运行和工作。虽然目前人工智能的发展水平比不上人脑思维，但是其在某些领域已经完全超过人类个体。就目前的科技水平而言，人工智能只能模仿人类智能活动的一部分，不能完全按照人类的思维方式进行主动思考，但是随着人工智能技术的发展与进步，人工智能模仿人类思维的能力会逐渐增强。人工智能可以看成人的主观能动性的一种具体的物化表现形式，但是其实质仍旧是人类的主观能动性。一种友善的人工智能体系有助于促进人类发展和社会进步，能够不断提高社会的生产力水平，但是不会威胁到人的主体性地位，反而能够实现人类的解放。

（三）对人的替代

尽管短期看来，人工智能的应用会取代部分工作岗位甚至造成部分职位消失，使得劳动者暂时失去工作，造成技术排挤人力的现象，但是人工智能是替代人类完成那些高强度、高危险、高精度的任务，人类需要做的是价值更高、创造性更强的工作，人工智能推动生产力各要素——劳动资料、劳动对象以及劳动者的发展与变化，提高了劳动生产率和投资回报率，同时使人们获得更多发展自身智力水平和休闲娱乐的时间，从而有助于促进人的自由全面发展。

三、人工智能技术的重要意义

人工智能技术的发展与应用受到了全人类的关注，其具有人性化和特色化的特点，可以通过模拟人类的思维方式，整合处理需求，智能储存和管理信息数据，但是我国的人工智能技术起步较晚，在发展过程中存在一定的阻碍。人工智能技术已经应用到教育、医疗、远程控制等多个领域，以计算机技术为基础，通过智能识别与使用控制系统，成功实现了人为控制，提高其应用能力，不仅提高了人们生活质量，也提高了生产、工作、管理效率，是未来各行各业的发展趋势。

（一）提升自主控制的距离

计算机人工智能技术已经在各行各业得到了有效应用，如果可以进一步提升人工智能技术进行远程控制的距离，那么就可以使得技术得到进一步的突破，同时使得技术的应用范围进一步扩大。

例如可以将计算机人工智能技术应用在航天领域，将大数据的思想和航空器的运行进行有效的捆绑，这样能够通过计算机对航空器的动作进行有效的控制，让其完成相应的任务。同时还可以对航空器所属的轨道以及其运行的速度进行有效的计算，然后再对其进行针对性的控制。不仅如此，还可以将人工智能技术应用到具体的控制程序中，通过智能控制程序来进一步加强地面和航空器之间的联系，同时还能够有效传达地面设置的任务，以便于航空器在智能控制程序的作用下有效对其行动进行自主性测算，提升航天器在紧急情况之下抵御风险的能力。同时还能够使得地面控制中心对航天器进行有效的控制，更好地掌握当前航天器的情况。如果航天器的运行情况出现了问题，智能控制系统就会及时发现，并利用闭环控制系统来有效地调控，以便于对其进行紧急制动，使其能够及时被修复。

（二）提高自主判断病情的准确度

计算机人工智能技术在医疗领域中的广泛应用，可以充分弥补传统中医的不足，促使现代化诊断水平显著提升。例如，在概率分析的前提下，医疗诊断程序已逐步得到运用，并且得到了较好的效果，在某种程度上，可以促使专家医师实践水平得到显著提高。计算机人工智能技术在医疗领域中的广泛应用，除了可以使医疗水平得到显著提高以外，还能够更好地解决患者的疑难杂症。

（三）切实达到自主控制的目标

计算机人工智能技术所涉及的视觉系统，可以指引汽车顺着行车道前进。美国把此项技术应用在微型汽车上，达到自主导航前进2000千米的目标，其中有98%及以上的时间是依靠此系统控制汽车前进，其他时间是由人类控制的。调查表明，人类所控制的部分通常是在公路上寻找出口，即对此项技术持续完善，可以促使系统获得更多且十分丰富的应用经验，进而将最理想的驾驶方向计算出来，对汽车的前进方向进行有效控制。所以，无人驾驶的目标会在日后某一天实现。

四、企业财务管理与人工智能

在财务管理中，人工智能技术可以将原本繁复的财务问题进行分解，变成若干子问题，然后得到最终的答案。

（一）人工智能技术给财会行业带来的机遇

1. 提高了财会信息的处理质量

无论是财会行业还是审计行业，都必须严格遵循真实性原则，然而我国财会行业并未将这一原则真正落实到位。这主要是因为在实际处理财会信息和审计信息的过程中，依旧采用传统的手工方式进行编制、调整和判断，致使舞弊行为屡见不鲜，所以，为了提高财会信息的真实性，应减少人工处理财会信息的次数，进一步发展人工智能，从而为财会信息处理的质量和效率提供保证。

2. 有效提升财会人员工作效率

现阶段，我国已经出现了为小企业做账的专业公司，虽然公司领导者对会计记账法与借贷记账法掌握和了解得不是很透彻，但研发的软件可利用电子技术对原始凭证进行扫描，自动生成符合各级政府部门要求的财务报表，这不仅减轻了财会人员的劳动强度，还有效保证了会计核算的实效性。审计部门在利用开发的审计软件提高审计工作效率的同时，还能在深入剖析财会报告的过程中及时发现审计问题，进而采取科学高效的审计手段解决审计问题。

3. 强化了财会人员的风险意识

虽然很多企业已经具备了风险意识，但在风险防范和风险发生过程中的决策能力不足。导致这种情况的根本原因在于企业缺乏一套切实可行、健全的风险预警机制，财会人员无法准确判断存在的风险，也不具备风险意识，所以，当遇到风险时往往显得手足无措。首先，由于企业内部资金项目具有繁复性的特点，很难顺利地进行纵横向对比；其次，财会人员缺乏较高的信息处理综合能力。因此，利用人工智能技术创建风险预警模型，通过各类真实可靠的财务数据对财务风险进行事先预警，不仅可以保障企业资金的运营效率，还可以帮助企业及时找出不足之处，从而创设和谐美好的企业发展环境。

4. 实现了更为专业的财会流程

当前，财政部已经将管理会计列入了会计改革与发展的重点方向。过去针对业务流程来确立会计职能的工作模式，不仅会造成会计信息核算的重复性，还会影响财务风险预警的有效运行。所以，随着人工智能技术的全面渗透，企业将会对那些只懂得进行重复核算工作的财会人员进行精简，聘用更多有助于自身健康发展的、具备管理会计知识的财会人员。

（二）人工智能技术给财会行业带来的挑战

1. 对财务管理目标的挑战

现有企业财务管理目标是企业价值最大化，对于企业价值的衡量大多按照上市公司的股票市价，将市净率、市盈率、现金流折现模型等作为企业价值评价的依据。现有财务管理理论认为，企业的价值由企业利润、现金流、净资产等决定，但现行资本市场的股票市价与财务管理理论主张的价值相差甚远。人工智能视阈下企业的投资者、债权人、管理者对企业价值的衡量不再局限于企业当前和未来净利润、净资产、现金流等财务信息，对企业成功与否的评价也不再仅仅依赖于财务模型与财务指标，而更多的是对企业商业模式的发展潜力、持续创新能力以及核心竞争实力等多方面进行评估，这些评估在很大程度上要通过大数据对筹资来源、投资方向、经营状况、用户群、点击率、关注度、市场反馈等财务和非财务信息进行深度挖掘、筛选、加工和处理，实时把握差异化和精准化的客户需求，从而持续提升用户体验。

2. 对财务管理职能的挑战

现有财务管理职能依照财务管理工作所具有的功能，划分为财务计划职能、财务控制职能、财务决策职能。然而，人工智能技术的快速发展改变和催生了多种商业模式，颠覆了传统企业的业务和流程，使得单纯以计划、控制、决策为主的财务管理职能跟不上人工智能视阈下企业对财务管理的需求，助推财务管理职能逐步转向"五位一体"的新型财务管理职能架构，即专业财务管理职能、业务财务管理职能、战略财务管理职能、智能财务管理职能、智慧财务管理职能。专业财务管理职能突出会计核算，业务财务管理职能注重业务与财务的融合，战略财务管理职能强调财务战略的拓展与创新，智能财务管理职能侧重协同与共享，智慧财务管理职能更关注高价值流程领域的扩展与延伸。

3. 对财务管理决策标准的挑战

现有企业财务管理的理论以非金融企业为主体，关注金融工具在财务管理中的应用，通常利用财务杠杆模型、净现值、内含报酬率、资本资产定价模型等财务管理理论对企业财务资源进行统筹、组织、控制和决策，促进财务资源的科学合理配置并实现企业价值最大化。然而人工智能视域下，运用净现值、内含报酬率、现金流折现模型等理论模型的传统评估技术以及依赖传统模型评估决策的模式缺乏对企业战略和盈利模式的深度思考，已经不能适应新的商业模式或者不适合未来现金流不明确以及现金流较少的投资项目的理论决策。大数据、人工智能技术保障了投资决策的准确性，对于现金流较少的投资项目，可以通过智能识别客户状况、市场份额、产业链、行业地位等企业资源对企业进行综合评估，区块链技术能实时、准确地监测和记录项目的动态情况，以协助企业积累评估经验，提高决策的成功率。

4.对财务管理组织结构的挑战

企业财务管理工作管理严格，财务管理规则和流程标准化程度高，这些特征决定了财务管理要具有刚性组织结构。如企业为了明确财权关系，保证母公司对子公司及分支机构的控制权，通常实行集团财务控制的方法，形成了传统刚性财务管理组织架构。人工智能视阈下区块链技术不仅能够帮助财务人员完成原本需要刚性生产完成的工作，如资金结算、财务审核、会计核算等，而且极大地减少了职责层级并提升了组织的运行效率，促使企业财务管理组织简化了更多的层级，具备更多的柔性并转换为扁平化的财务管理组织结构。

（三）人工智能技术在财务管理中的应用

1.财务管理专家系统

财务管理专家系统涉及财务管理知识、管理经验、管理技能，主要负责处理各类财务问题。为了减轻财务管理专家对财务管理过程的描述、分析、验证等工作的强度，很多企业都将涉及管理技能、管理理念及管理环境的财务管理专家系统应用到财务管理工作中。

专家系统是指具有专业理解的专家级人工智能系统，可解决企业面临的复杂难题，利用职能转化的方式，把复杂的财务问题逐个化解为一个个容易解决的、小的子问题，然后再逐一对这些子问题进行解决，最后整合出整体解决方案。会计和财务领域的很多问题都可以借助财务管理中的专家系统解决，例如目前财务系统中的"金三"系统，利用大数据技术进行分析，制定了很多财务指标分析体系，能够通过对大量企业申报数据进行对比分析，找出那些非正常的财务指标，从而强化管理。并且，审计和金融专家、财务分析师也可以从这一过程中学习到很多宝贵的经验和知识，如果把这些知识保存起来，积累到专家系统知识库中，就能帮助更多的非资深财务人员解决问题。它还可以在职业教育的发展中发挥积极作用。管理专家系统根据具体的财务管理内容可以分为筹资管理专家系统（涉及资金管理）、投资管理专家系统、营运管理专家系统（涉及风险管理与危机管理)、分配管理专家系统。这些系统中又涵盖了财务规划及预测、财务决策、财务预算、财务分析、财务控制几方面的子系统。

财务决策子系统在整个系统中占据重要的比重，而财务决策子系统的顺利运行离不开其他子系统的支持，因此，对这些子系统进行集成形成智能化的财务决策支持系统十分有必要。智能化的财务决策支持系统有助于综合评估内部控制与资产分配情况，通过对投资期限、套期保值策略等进行深入分析，使投资方案进一步优化和完善。

2. 管理信息共享系统

管理信息共享系统进一步促进了企业财务资源的整合，充分实现了财务的电子化管理。例如，ERP系统通过总账、供应链、成本管理、计划管理、生产管理等模块，连接企业采购、销售、物流、生产、财务等部门的工作，整合了企业拥有的人、财、物等资源。可以将ERP系统、电子会计、在线支付和税收系统等集成到一个新的管理信息系统中，完成费用报销、发票认证、订单处理、应收账款、应付结算、生产管理、成本核算、自动处理凭证生成、期末结算、电子发票、在线支付等工作，利用人工智能技术取代大部分的手工工作，为财务管理信息共享提供相应的体系结构，企业会在节约成本的理念下向所有利益有关方传递真实可靠的关联财务信息。简单举例，随着B/S模式体系结构的构建并使用，企业实现了节约成本的目的，促进了财务信息的及时有效共享，提高了财务信息处理效率。

3. 人工神经网络模型

人工神经网络是指通过人工神经元、电子元件等诸多处理单元对人脑神经系统的工作机理与结构进行模仿，由各种联结方式共同组成的网络。人工神经网络从范例学习、知识库修改及推理结构的角度出发，拓展了人类的视野范围，并强化了人类的智能控制意识。

4. 推广会计电子文件

随着财务软件的普及，企业可以在APP或网站开电子发票，减少了专人购买发票和负责发票的工作量。会计电子文件规则的逐步引入，也表明会计电子文件与纸质凭证具有相同的法律效力，传统的会计凭证将逐步消失，手动打印及填写纸质凭证等工作将逐步被替代。

5.改进传统财务核算

在传统的财务会计核算中，对应付、应收往来账款的处理需要检索成千上万条往来结算明细并进行手工处理，再与发票相对应进行逐项核销，对往来账款进行核实，为供应商付款和后续收款提供依据，这些都需要消耗大量的人工，但如果使用机器人来代替人工操作，不但能利用非工作时间展开操作，而且可把工时降至原来的5%或更低，同时很少出现差错，可最大限度地提高工作效率以及客户和供应商的满意程度。

6.在财务分析中的应用

人工智能系统非常严谨缜密，其计算机系统能完成每秒30亿次以上的计算量，这是人类所不能达到的计算速度，与人脑相比，人工智能系统的优势非常明显。因此，可利用人工智能计算技术进行企业财务分析，借助人工智能系统整理、分析企业各个生产经营环节的财务数据，按性质的不同将数据划分板块，进行专业性整合，经过多次验证设计出标准模型，在整个模型中，可结合具体数据进行改动，即使只对其中一个细微数据进行改动，也能引起立体多维空间模型的巨大变化，通过这些变化可以明确财务管理中的问题，利用这些数据变化可制定企业财务管理措施，发现一些潜在的财务风险，有效开展防范和预警，避免给企业造成损失。

（四）人工智能下财务管理转型升级的措施

1.树立先进的财务管理理念

（1）树立正确的财务管理理念

企业高层管理人员和财务人员都要及时转变思想观念，树立正确的财务管理理念，重视财务管理在企业管理中的作用，让财务管理渗透到企业经营过程中，有效地防范业务、财务风险，促进企业的健康发展。

（2）创新财务管理模式和方法

人工智能对财务管理提出了更高的要求。企业要适应新形势，制定正确的财务管理目标，实现财务管理的精细化。企业要加大对财务管理转型的人力、物力投入，助力财务管理转型。作为财务人员，要顺应时代发展需求，转变传统思维，提高对财务管理的认识，充分利用人工智能的优势，不断强化财务管理职能，拓宽财务管理领域，充分挖掘财务管理的潜在价值，引导企业健康发展，实现企业的战略目标。

2. 建立基于人工智能的系统

（1）提高财务信息系统智能化水平

将图像识别、语音识别等人工智能技术应用到现有的财务信息系统中，用标准化的业务流程和高速运转的财务机器人，大大降低财务资料输入的难度。在财务系统中增加财务管理方面的功能，如在财务预算上充分利用人工智能技术进行预警，根据往年的预算情况，结合当前的数据自动形成财务预算报告。在内部控制上利用人工智能技术进行发票校验、费用标准的核对等。在财务分析上，结合一定的分析标准利用人工智能对当前财务报表数据进行智能化分析，并形成财务分析报告。通过人工智能技术的应用，减轻财务人员的工作量，让基层财务人员从事更有价值的财务分析、风险管理、价值管理等工作。

（2）实现各部门之间的信息共享

在信息化建设过程中，应重视各部门之间的信息共享，建立系统的集成，打通财务系统与各部门系统之间的壁垒，将企业各部门有机结合起来，提高财务部门与各部门信息的融合度，实现信息在企业内部的快速共享，从而提高信息处理效率。

3. 深入推进业务与财务相融合

（1）树立管理理念

企业管理层应当在企业内部大力宣传业财融合管理理念。多渠道、多形式加强业务部门与财务部门的沟通交流，营造和谐的氛围。同时引导员工积极学习业财融合相关内容，为双方的协调配合奠定基础。

（2）完善内控措施

财务人员要深入了解企业的相关业务，熟悉业务流程，主动从业务前端介入，参与到业务流程中。在业务流程的关键节点，嵌入内控要求和标准，进一步夯实控制节点管理责任，对企业的运营实行全过程的监督控制，对产、供、销等各环节进行财务预测、分析、监控和评价，建立健全财务预警和风险应对预案，防范各类风险，推动企业的长久稳定发展。

4. 培养复合型的财务人才

（1）加强信息技术与人工智能技术培训

智能财务管理系统的构建和使用，要求财务人员具备一定的信息技术水平和人工智能的相关知识，这将影响系统构建营运的成败。企业要定期开展信息技术和人工智能方面的培训，要求相关人员积极参与培训，通过学习先进技术，掌握统计分析工具、相关财务软件的使用方法，进而有能力协助系统开发人员进行功能开发与完善。

（2）提升财务管理水平

财务管理的转型、财务管理职能的拓展需要财务人员具备一定的战略思想与宽阔的视野，在知识结构上，除了要掌握最基本的财务专业知识和技能外，还应具备灵活运用大数据的能力，能够利用人工智能带来的便利，进行财务预测、财务分析、风险管理、绩效管理、资本管理、战略管理和价值管理。

（3）培养沟通协作能力

企业中各部门的工作是相互牵连、相互制约的，财务管理工作的顺利推进，需要财务人员与各部门进行有效的沟通交流，了解各部门各项业务的运转情况，并将财务数据及时有效地反馈给各部门。因此高效的沟通协作能力也是财务人员必备的职业能力，企业也应注意提升财务人员的沟通协作能力。

（五）人工智能背景下财务管理向管理会计的转型

1. 转型的必要性

（1）有助于企业可持续发展

信息时代的到来推动着企业财务管理朝着智能化、信息化、现代化方向发展，传统的财务管理方式已不能满足企业生产发展对财务管理工作的现实需求。面对竞争日益激烈的市场竞争，企业中的财务管理工作也不再是围绕财务资金展开的一系列简单的记录、核算等工作事务，而是需要在此基础上做好相关财务数据归类及分析工作，从而为企业的生产发展决策提供更为充分有效的数据支持，因此对企业财务人员素质能力及工作效率提出了更高的要求。与此同时，人工智能技术在企业生产发展的应用使得财务管理会计的优势进一步得到凸显。一方面，管理会计打破了传统财务工作的范围，能够很好地把控企业整体的运营发展状态，彰显了管理会计工作的前瞻性，同时，在企业的日常运营管理中也能够发挥一定的监督和管理作用。另一方面，也是人工智能时代下管理会计区别于传统财务管理方式的关键之处，即能够为企业经营者做出经营发展决策提供充分的数据支持，这有助于企业的可持续发展。

（2）有助于企业做好内部控制

管理会计通常分为成本会计和管理控制，这两个管理系统能够直接参与企业的生产经营，同时根据企业的发展战略目标开展一系列具有针对性的财务管理活动。人工智能技术的应用极大便利了财务数据报告的获取，使得管理会计能够为企业管理者提供更全面的管理决策数据支持，有助于管理者进一步做好企业内部控制。人工智能时代下财务管理向管理会计的转型，是企业长远发展的必然选择，这是因为企业财务管理能够借助管理会计的工作形式，打破战略、业务以及财务之间的隔阂，加快三者的一体化，在企业内部形成一个互相协作、互相监督的运营管理机制体系，以完成提高企业经济效益的最终目标。

（3）有助于企业战略发展与管理

在全球性竞争日益激烈的时代背景下，现代企业不仅需要进行科学化、精细化的日常管理，更需要在管理中贯彻具有前瞻性的战略思想，以此助力企业管理理念由职能管理转向战略管理。尤其是在人工智能时代，该技术的发展与应用为企业战略管理提供了有效的信息支持，使得管理会计能够更好地服务于企业战略的发展与管理。事实上，管理会计工作的有效开展，就是以目标为基础，通过分析企业外部环境、价值链以及成本动因等要素，为企业战略发展与管理提供有力的信息支持，帮助企业尽快实现战略发展目标。

2. 转型面临的挑战

首先，很多企业的领导者和高层次管理人员仍然停留在以提高产量与销量为唯一重点工作的管理误区之中，认为财务管理是一项一成不变的辅助性手段，无须投入过多精力进行更新和优化，再加上管理会计本身在我国的发展就比较缓慢，企业缺乏财务管理向管理会计转型的意识也就不会令人感到意外。管理者的忽视让财务制度的更新和人工智能技术在管理会计中的应用都变得迟缓而艰难，所以管理会计的发展缺少必要的内部环境。同时，财务人员对于管理会计的积极性不高，也是制约财务管理转型的重要因素，一些企业对于财务工作投入的人力资源较少，财务部门的工作负担比较繁重，日常中已经疲于应付各类信息收集和报表编制，也就难以及时转变财务管理观念，创新工作方式，这让管理会计的实施成为一句空谈。

其次，在传统的财务会计工作模式下，财务人员的工作量较大，业务比较烦琐，日常工作基本局限于填写凭证、记录账目和编制报表的循环重复，虽然具备了坚实的财务工作基础，但却长期得不到跨越式提升，财务管理能力上限较低。而财务管理向管理会计的转型可以说是对财务会计的革新，尤其是在人工智能的影响下，管理会计所需要的会计者不是简单的核算型会计，而是兼具管理才能、财务知识、计算机能力的复合型人才，当前财务人员的意识和工作水平都无法达到这个要求。一是因为企业缺乏人才培养机制，财务人员没有时间和条件学习管理会计理论，更不具备实践的能力；二是因为企业的晋升制度和薪酬制度不够合理，职位的晋升和工资待遇的提高多是以资历和职位来决定，没有激发财务人员良性竞争的积极性，导致财务人员整体素质提升缓慢。

最后，企业内部缺少沟通协作，管理会计工作开展不畅。管理会计发挥作用的前提是企业能够对整体业务进行统筹规划，这就要求各部门之间的工作必须做到有效衔接，信息充分流通。而实际上，很多企业内部各部门之间工作并不协调，甚至因恶性竞争而互不交流，这与管理会计施行的全链条管理理念相违背。除了竞争因素之外，部门之间缺乏沟通协作的原因还有职责划分不清、工作相互推诿、信息传递不及时，由于权责不够分明，很多工作出现空白地带，缺少衔接和铺垫，此情况下财务部门所得信息很难保证全面真实，信息失真与工作脱节让管理会计失去了数据支撑和工作切入点。

第七章　企业财务管理数字化转型的创新

随着数字化信息技术的兴起与企业从线下业务快速向线上转移,企业经营管理方式开始数字化转型。所谓企业财务管理数字化转型就是企业在财务管理中充分运用大数据、互联网、人工智能、云计算等新兴信息技术来重塑与再造财务管理流程,在不断提升财务管理效率的同时,不断综合开发利用财务信息资源,实现集物质流、价值流、信息流于一体的实时、可控的生产模式,更好地服务于企业全产业链项目管理,为企业的发展提供决策依据。本章分为企业财务管理基层数字化的探索——财务机器人、企业财务管理中层数字化的探索——大数据与云财务的建设、企业财务管理高层数字化的探索——大数据财务可视化三部分。

第一节　企业财务管理基层数字化的探索——财务机器人

一、财务机器人的产生

企业可以将财务机器人视为组织中的虚拟劳动力,对于财务工作中基于明确规则的可重复性工作,财务机器人是能够在特定流程节点代替传统人工操作和判断的财务自动化应用。随着越来越多的厂商相继推出财务机器人,财务机器人在企业层面得到不断推广和应用。财务机器人得以广泛应用,主要是基于企业变革的内生驱动因素与财务业务特点相吻合的客观基础以及财务共享服务中心大量出现为其创造的良好运行环境。

（一）企业变革驱动

在数字化变革的时代背景下,企业需要从庞大、混杂的数据中高效筛选有效数据并利用数据去创造价值。财务是企业天然的大数据中心,是企业数字化变革的有利切入点,而传统财务工作模式中,数据获取难度大、数据处理效率较低,难以满足企业经营发展、管理决策过程中的数据需求。财务机器人是企业顺应数字化变革、更好地发挥财务大数据中心作用的有效工具和手段，财务机器人能使财务工作效率大幅提升、企业数据信息安全可控，满足企业业务发展和管理决策中的数据需求，为财务变革与转型奠定数据基础。另一方面，财务机器人模拟人类操作并基于明确规则做出判断，能够将财务人员从简单重复的低附加值工作中解放出来，不但降低了此类工作中的人力成本，而且能推动财务人员转型从事更具创造性、更有价值的工作，财务人员不再是简单的记账人员，而是参与到经营和业务中，从而为财务变革与转型提供组织基础，为企业发展提供有效支撑。

（二）财务共享服务中心大量出现

共享服务管理模式的诞生是现代管理模式的一次深度变革，尤其是财务共享服务的应用为企业财务管理所带来的效益日益凸显。近年来，越来越多的大型企业、企业集团逐步建立运营财务共享服务中心。在财务共享服务这种新型管理模式的实践中，大量简单重复且易于标准化的财务业务集中到财务共享服务中心统一处理，财务共享服务中心有巨大动力去应用新技术提升组织内的工作质量和运转效率，于是财务机器人作为流程节点上提高工作质量、提升工作效率的有力工具得到推崇，财务共享服务中心为财务机器人的应用创造了良好的运行环境。

二、财务机器人理论基础

（一）信息加工理论

信息加工理论是将人看作一个专业性的可进行信息输入、存储、提取使用的信息处理器，而人的行为类似于计算机的信息加工系统，对信息加工理论的基本假设是这种行为是由机体内部信息流决定，而这种信息流却不会被我们看到。在偏向计算机智能模仿的信息加工理论里，人是信息的加工者，计算机主要学习人的思考方式，计算机运行和处理数据要参考人的思维模式和过程。财务机器人模仿会计人员从企业内外部信息系统获取有用的数据信息，然后存储、读取、计算数据，间接地实现人的信息加工过程，最后对获得的信息进行加工处理得出结论。财务机器人模拟人工操作，使财务人员摆脱简单重复的低附加值工作，可以转而进行更有价值的工作。

（二）模式识别理论

模式识别是智能化技术的一个重要研究领域，与统计学、语言学、计算机、人工智能、图像处理等学科密切相关。模式识别是指利用计算机根据样本的特征对样本进行分类，代替人来实现对图像的识别，找出图像中的目标的技术，模式识别可分为统计模式识别、结构模式识别、模糊模式识别、人工神经网络等。新兴技术如人工智能的学习机制、对景物和自然语言的理解、图像预处理和特征提取都采用模式识别。

（三）业务流程再造理论

早在20世纪90年代，美国经济学者迈克尔·哈默（Michael Hammer）以及詹姆斯·钱皮（James A. Champy）提出流程再造，这是第一次完整地定义业务流程再造。在他们的观点里，只有进行流程的再造优化才可以达到提高质量、降低成本以及提升服务质量的效果，这就需要推动企业现存的生产经营方式和业务流程转型，如进行职能部门的优化和整合，提高员工的工作效率、降低生产经营成本等。财务共享服务主要通过职能的专业化分工、集中的财务管理来优化原有财务管理流程，它是一种新型组织模式，不仅能够实现生产价值的最大化，还能够减少重复劳动，但是人工智能等技术的崛起衍生出了一种更加优化的企业流程，就是在财务共享服务中心上外挂财务机器人，进一步减少了浪费大量人力、重复性大、机械化的财务工作。

（四）规模经济理论

规模经济是全部生产要素都以同样的提升幅度降低生产成本的经济模式。财务机器人基于规模经济的原理，对组织内部部分职能类工作进行梳理整合，尽量避免企业财务人员从事低水平的业务工作，运行新的业务流程后，原负责简单录入工作的人员可以去从事技术含量更高的管理工作，因此从长远来看压缩了成本、提升了效率，从而提高了生产规模和效益。

三、财务机器人的功能

（一）财务机器人的功能框架

财务机器人通过对人类操作的模拟以及对人类判断的模拟，能够完成数据的收集和整理、验证和分析、数据记录、协调和管理、计算和决策、沟通、报告等一系列工作。机器人技术应用在财务领域，结合一系列认知技术能够代替传统财务人工的数字化应用，实现财务流程的自动化，提高财务部门人员配置的合理性和有效性。

（二）财务机器人的功能介绍

①数据检索与记录。数据检索与记录是财务机器人最基础的功能，通过记录传统模式下财务人员的手工操作，设置计算机规则进行模拟，从而使财务机器人执行数据检索、迁移、输入的动作。

②图像识别与处理。图像识别与处理功能是指财务机器人依托OCR技术对图像进行识别，提取图像有用字段信息并输出为能够结构化处理的数据，从而进一步对数据进行审查与分析，输出为对管理、决策有用的信息。

③平台上传与下载。上传与下载的核心在于后台对数据流的接收与输出，财务机器人按照预先设计的路径，登录内部、外部系统平台，进行数据的上传与下载操作，完成数据流的自动接收与输出。

④数据加工与分析。财务机器人可进一步对数据进行检查、筛选、计算、整理以及基于明确规则对数据进行校验和分析。

⑤信息监控与产出。信息监控与产出是指财务机器人模拟人类判断，推进财务运行工作流程的一系列功能，包括工作流程分配、标准报告出具、基于明确规则决策、自动信息通知等。

四、财务机器人的适用性与价值体现

（一）财务机器人的适用性

财务机器人高效运作的关键在于运行环境支持财务机器人处理不同流程及任务，进一步为财务机器人在企业中的应用提供必要性及可行性，其适用性共有四种表现：其一，模拟人类完成简单重复的操作。财务工作中存在许多具有流程固定、规则明确、重复性高且附加值低等特征的流程环节，这些环节往往需要人工重复操作，财务机器人在该环节的应用在降低人工错误率的同时，减少了人工成本。其二，适合处理量大易错业务。企业数据的验证、整合、核对、计算等过程工作量大，需投入较多的人力物力财力，不仅提高了企业的成本高而且占用了较多的资源，再者人工操作误差较大，而财务机器人在此类业务中的应用在批量处理企业数据的同时提高了数据处理的准确性。其三，7×24小时工作模式。财务机器人不同于传统的财务人员，其作为一种机器处理程序，具有较高的峰值处理能力，能够随时进行高强度工作。其四，多个异构系统。财务机器人借助脚本语言或用户界面实现多个异构系统交互，而对于异构系统间的数据流转问题，财务机器人的应用并不会对企业信息系统架构造成影响。

（二）财务机器人的价值体现

规范标准的流程、数字化结构化的数据准备、稳定的操作环境及相关技术人员的储备是财务机器人在企业中得以应用的前提条件及准备。目前，随着经济的快速发展，诸多企业为获取更大利润，开始采用一系列方法来提高企业内部财务工作效率，开发传统模式下的财务软件及增加人力是当下企业普遍采用的方式，但实际上前者存在系统升级周期长的问题，后者则会增加成本，导致企业难以兼顾成本和效率的问题，此时财务机器人的出现为企业工作效率的提高带来了新的突破口，其主要具有四个优势：一是具有较强的流程管控性。财务机器人的可视性及可访问性使管理员可以借助管理终端实现对财务机器人的实时监控及分配管理，确保流程的准确性。二是有助于企业实现流程优化。工作流程模块化是财务机器人的功能之一，可在业务流程中以自动执行命令替代人工操作，实现流程优化。三是业务处理效率高。传统的人工操作难以完成高强度工作，财务机器人可长时间不间断地从事重复性工作，工作效率得以明显提高，此外，财务机器人的维护及升级相较于财务信息系统而言成本更低，进一步降低了企业成本。四是实现多个业务系统的联通。财务机器人通过自动化实现整个业务流程的自动操作，最大程度上消除个人原因造成的操作失误，而且由于整个业务过程具有全面且完整的追踪记录，可降低企业业务风险，促进企业可持续发展。

五、财务机器人的优势与局限性

（一）财务机器人的优势

自问世以来，财务机器人得到了业界的广泛推崇和应用，这不但是理念层面创新的趋同，更是源于实践的收益。相较于传统人工的财务运作模式和信息系统改造的方式，财务机器人具备众多优势，财务机器人的应用为企业带来了切实的收益。

1. 提升效率

传统人工操作是在有限的工作时间里进行，而且手工操作的速度较低，受复杂的人为因素影响。财务机器人可以全天候工作，而且工作容忍度高，峰值处理能力强，整体操作过程都是根据固定规则完成的，不受人为因素干预。除此以外，在信息系统升级的过程中，人工操作需要花费时间消除旧习惯去适应新的系统，但财务机器人作为虚拟劳动力只需要重新修改程序即可，减少了系统升级过程中的消耗成本。财务机器人完成流程的速度明显快于人类。机器人昼夜不停地工作，通常可以承担2~5人的工作量。

2. 质量保障

传统财务模式下，人工操作容易出现较高的出错率，而财务机器人操作的正确率接近100%，极大地保障了财务工作质量。财务机器人的运作是基于规则的，这在一定程度上消除了输出不一致性。明确的规则也使操作无差别化，避免了人为主观因素的影响。除此以外，自动化处理的每一步操作都具有可追溯性，这使得系统错误可以被精准地发现，一旦出现问题，将更容易被解决。

3. 节约成本

一个全职的员工一天工作8个小时，但是一个机器人可以全天24小时工作，所以说"一个机器人相当于3个全职员工"。传统财务模式下，大量简单重复的工作往往需要投入较高的人力资源，需要付出薪酬、福利、津贴等成本，而财务机器人上线后，企业将大幅度减少此类人力成本的投入。财务机器人可以节约25%~50%的成本，创建和维护机器人的平均成本仅为承担相同工作的全职员工的成本的1/3。

4. 价值增值

在传统财务模式下，财务部门会投入一半以上的精力在基础交易处理中，但是基础交易处理工作却不能为企业带来更多的价值，而且重复、枯燥的基础交易处理工作不利于财务人员个人能力的发挥，财务机器人的应用能够改变传统财务部门的人员结构，释放大量的基础交易处理人员转型去做高附加值的财务工作，财务人员的积极性能得到有效调动，实现财务对业务的有力支撑以及财务部门的价值增值。

5. 数据可得

在运行过程中，财务机器人能够为每一个机器行为匹配标签和元数据，企业能够根据对应标签和元数据随时调取财务数据，从而根据这些财务数据更好地筹划项目预算安排，乃至预测公司未来的发展。

6. 安全可控

财务机器人按照固定的规则执行脚本，不侵入原有的信息系统，其一切操作能够通过控制器进行追踪，工作路径能够随时调阅，业务故障能够及时发现，财务机器人的运行始终处于安全可控的状态,能够保障信息系统和企业数据的安全。此外,财务机器人自动执行业务流程,减少了人工干预,在一定程度上降低了人为操纵的风险。

(二)财务机器人的局限性

财务机器人为企业带来了众多收益,其应用场景和实施范围得以不断拓展,但是企业也必须正视财务机器人的局限性,从全局的角度考虑财务机器人的科学部署问题。

1. 无法处理异常事件

由于财务机器人是基于固定规则进行操作的,当业务场景发生较大变化时,财务机器人无法判断与规则不符的情况,无法处理异常事件,这就需要配备专门的人员监督财务机器人运行的过程,避免出现财务机器人无法处理的异常事件,一旦出现异常事件,就需要人工进行干预,这在一定程度上限制了财务机器人的应用。

2. 运营保障要求高

虽然财务机器人是在ERP、CRM等软件之上的一层运作,不改变企业原有信息系统,但是其有效运营对系统平台的稳定性有一定要求。当企业软件升级或切换系统平台时,财务机器人可能无法正常运作或迅速恢复运作,需要投入一定的时间成本和开发成本,对财务机器人进行重新部署和优化。同时,财务机器人日常运营的维护,需要企业财务人员对计算机知识有一定了解,对人员素质提出了更高的要求。

3. 需要跟踪优化机制

流程固定、规则明确的流程特点,为财务机器人的应用提供了可能性,但企业的流程不是一成不变的,当企业进行业务流程优化时,就要对财务机器人进行重新部署和设计。为了保障财务机器人正常、有序地运行,快速、高质量地响应业务需求变化,企业需要针对财务机器人设计完整、详细的跟踪优化机制。

第二节　企业财务管理中层数字化的探索——大数据与云财务的建设

一、大数据

（一）大数据的定义

最近几年，大数据备受关注，探讨研究大数据是一个热门的话题，大数据已迅速成为企业界和科技界甚至是政府关注的热点。

最初，大数据从字面上理解，即大量的数据，超过一般存储器所能存储的量。从宏观角度来说，大数据主要是指融合人类社会、信息空间、物理世界的纽带，物理世界通过物联网、互联网使得信息空间有了大数据。从信息技术产业角度出发，大数据是指推动新一代信息技术产业发展的存储处理技术。

大数据里的巨量数据无法由一般的计算机进行数据分析和处理，而必须采用分布式计算架构模式进行分析处理。维克托·迈尔－舍恩伯格（Viktor Mayer-Schönberger）及肯尼斯·库克耶（Kenneth Cukier）认为，大数据主要是通过非随机式的分析方法，对所收集的数据进行分析处理。盛晓鹤在《大数据对企业财务管理的影响分析》一文中指出，大数据就是巨量资料，这些数据具有数据样式多样化、数据海量化、数据复杂化等特点。

（二）大数据的特点

大数据的特点在于对海量数据进行挖掘及分析。大数据里海量数据独立存在则没有存在的意义，所以，大数据需要依托一定的云计算、数据库、云存储或虚拟技术，才能得出最终有价值的数据信息。大数据主要具备体量大、高速、多样化、价值大密度低、真伪难辨5个特点，简称为5 V。

体量大是指收集和需要分析的数据量非常大，从TB级别到PB级别，现有一些企业的数据整合在一起已经达到了PB级别。高速是指处理速度快，在大数据模式下，数据是实时分析和处理的，这就是与传统数据处理模式的最大区别。多样化主要是指所收集的数据来源广，包括各式各样的数据，如结构化、半结构化和非结构化等。价值大密度低主要是指通过分析数据库里面有关联的信息，来预测其他与企业相关的经济活动，可以抓住机遇，实现企业价值最大化。真伪难辨主要是指在繁多的数据里面，难以对有用数据和无用数据进行分辨，数据具有一定的不确定性。

大数据的5V特点告诉我们，要想运用好大数据就必须和云计算进行结合，云计算是为大数据服务的，拥有海量数据而不能挖掘里面有用的信息，会使大数据失去其应有的意义。在财务管理的世界，每天都会有海量数据等着我们去处理，随着计算机技术与财务会计软硬件技术的结合，我们更加期待云财务在现实生活及工作中的运用。

（三）大数据技术

大数据技术，就是从庞大的数据洪流中获得有价值信息的科学技术，近年来，与大数据有关的新技术已经纷纷涌现，社会各界对大数据技术的关注度也与日俱增，这些新的技术成为大数据采集、存储、分析、处理和应用的助推剂。大数据处理关键技术一般包含大数据采集技术、大数据预处理技术、大数据存储和管理技术、大数据分析和挖掘技术、大数据展现和应用技术等。

1. 大数据采集技术

大数据采集通常分为大数据的智能感知层、基础支撑层。智能感知层主要是感知多种类型的大量的数据，包含结构化数据、半结构化数据、非结构化数据和许多其他类型的数据，智能感知层能够完成对各种类型的大数据的智能识别、定位、跟踪和访问、传输、信号转换、监测、初步处理和管理等。大数据技术在数据采集方面的新方法：一是系统日志采集方法；二是网络数据采集方法，对非结构化数据进行采集；三是其他数据采集方法。

2. 大数据预处理技术

运用大数据采集技术将海量数据采集过来之后，启动大数据预处理技术，这部分主要针对已接收的数据，包括四个步骤：数据清理、数据集成及变换、数据规约和概念分层。数据清理主要是指对数据的遗漏值进行处理，并对噪声数据和不一致数据进行处理。数据清理可以为后续的数据分析、数据挖掘等提供更完整、更准确、更清晰的数据基础。

3. 大数据存储和管理技术

运用大数据存储和管理技术能够把获取的各种类型的数据存储起来，建立相应的新型数据库，负责对大数据的管理和调用。在复杂的结构化、半结构化和非结构化的数据之中，需要重视对这些复杂的数据进行存储和管理，并对相关技术进行研究与应用。新型数据库技术、大数据索引技术及大数据安全管理技术等是目前具有重要意义的大数据技术。

4. 大数据分析和挖掘技术

大数据分析和挖掘技术就是在研究大量数据的过程中，探求模式、相关性及其他有用的信息，帮助需求者更好地适应变化，做出更加高效、更加明智的决策的技术。大数据分析和挖掘技术的内容有以下五个方面。

一是可视化分析。不管是被大数据分析专家还是被普通用户使用，对大数据分析的最基本要求都是数据的可视化，通过可视化分析，人们可以更直观地看到结果，让数据自己说话。

二是数据挖掘算法。大数据分析的核心理论就是数据挖掘，其各种各样的算法可以让我们深入数据内部，精炼数据，挖掘价值，这些算法不仅能够帮我们处理大量的数据，而且能最大程度地满足我们对数据处理速度的要求。

三是预测分析能力。分析师在预测分析过程中，利用先前的可视化分析、数据挖掘的结果，可以对未来的形势进行预测。

四是语义引擎。大数据的数据多样性特征是数据分析面临的重大挑战，由于其中非结构化数据的比例不断提高，人们需要开发新的数据处理工具完成对数据的解析、提取、分析。语义引擎需要具备人工智能的作用，进而能够从数据中主动地提取信息，挖掘出特点。

五是数据质量和数据管理。如今社会每时每刻都会产生大量的数据，提高数据质量和优化数据管理水平变得尤为重要。

5. 大数据展现和应用技术

随着数据量的快速增长和膨胀，利用大数据技术，人们可以挖掘出潜藏在海量数据中的信息及知识，作为人类的社会经济活动的重要依据，提升社会各个领域的运行效率，推动社会生产力的提高和先进科技技术的应用，大数据重点应用在三大领域：商业智能、公共服务和市场营销。大数据正逐渐渗透到社会的各行各业，大数据应用技术也在不断地发展完善，从而能够适应各行业领域的新要求。

（四）大数据对企业财务管理的意义

1. 扩大了财务数据管理的范围

在企业管理中，财务人员需要处理的数据是非常多的，随着企业实力的日益壮大，传统的财务管理模式已经不能处理日益增长的数据量，而且传统的财务管理模式已经跟不上企业的发展速度。面对海量的数据，财务管理的成本越高，反而管理效率越高，这对于财务管理变革来说无疑是一个重大的挑战，而大数据技术极大地提升了企业内部与外部信息的共享程度，使企业的信息更加趋向透明化。与此同时，大数据时代改变了财务管理模式和财务管理的技能、方法，这种平台化的财务管理模式，使财务人员对数据的分析更加快捷和准确，财务人员不必再担心数据是不是准确，而是将更多的精力放在对财务数据的计算机分析当中，也就是说，在大数据技术下，谁能准确地掌握数据提取、分析的技能，谁就可以更好地驾驭大数据技术。

2. 有助于增强决策信息的说服力

在过去的财务管理中，财务工作人员要利用随机分析法或者抽样调查来收集数据，并且这些数据是领导决策的重要依据，但是这些随机的数据再准确，也会遗漏一些重要的信息，可能这些随机抽取的信息不是决策者想要的，或者这些数据对企业决策没有太大的说服力，进而影响了企业决策的准确度和运营的速度，从而影响了数据的商业价值，这对企业的总体发展是不利的，但是在大数据时代下，企业不仅可以利用云技术得到最全面的财务信息，还可以将财务数据和非财务数据有效地联系到一起，对整合、分析、提取数据是非常有帮助的。计算机自动分析数据，可以强化这些数据信息对领导决策的帮助。在企业财务管理中，有三个重要的分支，分别是资金管理、财务管理和财务共享服务，通过大数据技术，财务人员可以将这三大分支有效地联系起来，利用互联网技术和云计算技术将企业管理联系到一起，形成一个先进的企业财务云中心，这个财务云中心是大数据技术的产物，是一个使得财务信息更加集中的平台，在这个企业财务云中心中，工作人员可以快捷地进行企业的核算、报账、资金、决策等工作，节约了大量的人力、物力和财力。

3. 有助于提高财务数据处理效率

在很多落后的财务管理中，还会出现大量的纸质票据，人们要对这些票据进行分类存放，然后对这些数据进行人工处理，工作人员长期面对这些纸质票据十分容易出错，所以工作量会非常大，在处理过程中存在流程十分烦琐、时间成本加大等问题，当领导需要这些数据的时候，财务人员还需要重新整理分析，这无意当中就提高了财务管理的时间成本和管理成本，制约了企业财务管理的工作效率。财务人员利用大数据技术不仅可以大大提高企业财务数据的处理效率，而且能提高数据的准确度。当相关部门需要的时候，我们只需要将这些数据进行提取，通过网络技术直接传递给其他部门。

4. 有助于提高财务数据的使用价值

传统的财务管理要想实现对财务数据的准确管理是有一定难度的，这就会导致数据处理结果不能及时地反映企业的财务状况，限制了企业运营的速度，进而降低了数据的使用价值。在大数据时代，财务人员可以及时准确地获取财务信息，并且可以根据企业的需要，运用大数据处理技术对财务数据进行实时的处理并且编制不同的财务报表。为了使财务管理在企业中发挥最大的作用，我们就要不断地提升财务数据的使用价值，从而提高企业的综合效益。

（五）大数据时代财务管理创新策略

在大数据时代下，企业经营管理过程中接触的数据量越来越大、数据类型越来越复杂，传统的财务管理已经不能满足新经济形势的更高需求。因此，财务管理需要做出转型。"大数据"这一热门词汇的风靡，使社会各领域都开始关注它，这也为企业的财务管理工作开辟了一种崭新的思维模式。在大数据时代的背景下，为了实现企业财务管理的成功转型，推动企业健康持续发展，提升企业价值，具体的财务管理创新路径如下。

1. 树立大数据管理意识

随着信息大爆炸、大数据横空出世，大数据的影响逐渐渗透到社会的各个领域，大数据时代已经来临，企业需要做的就是抓住大数据带来的商业机遇，增强竞争实力，抢占先机，获取更多的市场份额。而目前大多数企业对大数据的重视不够，不能意识到企业环境的变化，不能够从大数据中发现优势，在未来的竞争中胜出对手。财务管理肩负着企业管理的重要责任，因此，可以提高管理层的大数据管理意识，使管理层带领企业员工，使企业上下都树立起大数据管理意识。

2. 创新企业财务管理组织结构

组织结构是支撑产品生产、技术引进、经济活动和其他企业活动的运筹体系，是企业的"骨骼"系统。过去企业的财务管理组织结构大多采用职能部门化的方式，通常设有财务部、会计部、资金部等部门。大数据时代的来临，企业财务管理组织结构要做出适应性的变革，主要有以下三个方面。

一是基于原有财务管理组织结构，在财务管理组织内部增设专门的部门，管理所有的财务数据、非财务数据等大量的商业数据，管理财务大数据中心开发平台。

二是考虑到传统财务人员自身能力的局限性，在财务管理专门部门中配备适当比例的数据分析人员，通过统计学分析、商业智能化、数据分析处理等技术，从海量的数据中挖掘出潜在的有价值、有意义的信息，为企业管理者做出正确的决策提供数据支持。

三是大数据的横空出世，使财务管理摒弃了以往孤立工作的理念，开始进行跨部门的合作，财务部门与企业其他业务部门的联系更加密切，财务数据的数量更大、类型更多样性、来源更加广泛，大数据下的企业财务管理需要企业全员的广泛参与。

3. 构建财务管理智能系统

大数据包含的信息价值巨大，但密度值很低，所以大数据技术的焦点是从海量数据中挖掘潜在的有价值的信息。而商业智能正是通过数据仓库、数据分析、数据挖掘等先进的科学技术，将海量的数据快速及时地转化成知识，为企业的决策和战略发展提供信息支持。因此，商业智能是大数据的核心应用。当今，大数据时代带来了信息的大爆炸，企业要想在激烈的市场竞争中脱颖而出，决策速度和准确度的重要性毋庸置疑，而财务管理是企业管理的核心，直接反映着企业的经营状况。因此，在财务管理中运用商业智能，通过新技术，将财务大数据快速及时地转化为可为决策提供支持的有价值的信息，构建财务管理智能系统变得非常重要。

4. 提升数据管理水平

企业的数据是其拥有的十分重要的资源，以往数据的价值可能被忽视，企业领导和员工没有认识到"大数据"将是未来企业竞争的制胜法宝，如有些重要的数据不能够及时充分地被汇集起来，会影响企业的决策；数据缺乏统一的分类标准，使得数据整合工作面临很大的困难；过去的大量数据失去后续的利用价值等。而大数据时代的到来，使我们意识到数据的重要性，同时也给财务管理创新带来了新的方向，即应加强对数据的收集、存储、分析、应用，提升数据管理水平。

5. 建设大数据财务人才队伍

在大数据技术的助力下，财务管理者可以有效地提升财务管理水平，降低资金成本，给企业带来更多的利润。由此，大数据给财务人士提供了更多创造人生价值的机会。同时，大数据技术的不断成熟，改变了企业的经营管理模式，这对财务管理人员的能力和素质提出了更高更全面的要求，财务人员开始由财务专才向业务全才转型，大数据时代下的财务人员不仅需要掌握会计学、财务管理等专业领域的理论知识，还需要对统计学、计算机科学、设计学等方面的知识进行学习和掌握，提高综合能力素质，为提高大数据技术在财务管理中的应用水平提供广泛的专业知识支持。当前很多企业都缺乏相应的人才储备，现有财务队伍能力素质普遍较低，难以实现对财务大数据的分析和挖掘，不利于企业做出及时准确的决策。所以，在大数据时代，随着信息和网络技术的快速发展，企业应加强对员工的培训，提高其信息化素质，使财务人员熟悉多层次的信息技术系统并掌握相对应的业务知识，全面提高企业财务人员的综合能力，着力建设大数据财务人才队伍，使企业能够真正运用大数据技术集中、分析、整理、传递财务资源，从而帮助企业管理层做出最优的财务决策。

二、云财务

（一）云财务的概念

云计算的迅猛发展也带动了人们对云财务的研究，云财务是在云计算的基础上形成的。云计算出现之后与会计行业相结合，出现了一系列云概念词汇，如云会计、云审计、云财务等。

在我国，最初对云财务有一定认识的是中兴通讯集团CFO（首席财务官）陈虎。中兴通讯作为SSC早期提倡者，也是我国云财务的推行者。中兴通讯对云财务下了这样的定义，"中兴云财务"是指在你的头顶上会有一朵云，当你想要下雨的时候，它就会为你下雨，变相说明了云财务可以给客户提供想要的云服务，也就是说在云计算基础上提供财务服务。

有研究者认为，云财务利用计算机技术和云计算技术，结合物联网和互联网整合企业现有的资源，把所有资源归结到资源池，通过虚拟化和云计算技术，实现超级大型的计算性能。云财务主要是将计算机技术与财务共享服务协同整合，通过财务管理流程再造，降低企业成本、强化管理，实现财务实时化管理和控制，从而达到共享信息和资源的目的。云财务是大数据与企业财务系统高度融合的精准型系统，对收集到的信息进行动态处理，从而实现资产管理、财务信息共享管理、财务管理三位一体，为企业提供动态、有价值的数据信息。

（二）云财务整体构架

云财务主要是指大数据环境下的财务管理信息系统趋向于一个智能化的财务

管理系统，在原有系统的基础上加入大数据中心和云计算服务，运用大数据和云计算技术将企业内外部财务信息和处理工具进行集成，实现在线企业财务管理，即使在不安装软件的情况下，管理层也可以随时随地关注企业动态，并做出高效决策。基于大数据、云计算技术的财务管理信息系统要依据一定的会计制度、会计准则，将内外部所有对企业决策有用的数据融合到大数据中心，并对其进行加工、存储、分析，挖掘有价值的信息为企业财务管理所用。大数据、云财务管理信息系统整体构架图主要包括数据获取层、数据加工存储层、数据输出层，并将原有的财务管理信息系统贯穿其中。

1. 企业财务数据获取层

传统财务信息主要来源于企业内部经济业务数据，从各个系统里录入原始凭证到生成总账的记账凭证，这种模式下忽视了与经济业务无关的财务信息，不能完全反映企业经济状况。基于大数据和云计算模式的财务管理信息系统将企业历史数据和现阶段的财务信息集成到大数据中心，数据来源更加广泛，为下一阶段的财务信息云计算提供充分的数据基础。

2. 企业财务数据加工存储层

将企业所获得的各种结构化和非结构化数据在云计算平台加工整理，财务数据加工存储层是整个框架里面最重要的部分，运用ODS、DW/DM、OLAP技术分析财务大数据，获取财务管理所需的有用信息，将数据传输到下一个阶段并通过报表工具、分析工具、挖掘工具展示给企业管理者。

3. 企业财务数据输出层

会计数据通过云计算服务平台对数据进行挖掘分析后，将分析后的数据存储到各种方法库和模型库，进而传输到报表系统，通过报表工具、分析工具、挖掘工具展示出来，这些分析过的会计数据将会影响企业管理者对预算管理、投资管理、筹资管理、成本费用的决策。

（三）云财务建设规划的原则

通过对企业财务信息管理现状、管理结构、管理目标以及云计算环境下的财务信息管理优势、必要性及可行性的分析，结合企业自身行业及发展特点，在进行云计算环境下的财务管理发展研究时需要考虑以下原则。

1. 安全性原则

企业的财务信息管理系统应该是一个完整的财务信息管理过程，涉及许多部门和分支机构，涵盖广泛的业务流程。因此，对系统和许可证的访问权限应设置得较为严格，同时还要保留数据备份和数据恢复功能，以确保系统可以安全运行。

2. 可靠性原则

财务信息管理系统是保证企业日常运行的基本条件，不能因为信息传输停滞或信息资源损坏而影响企业的发展，这就要求系统要以非常低的故障率稳定地工作。即使发生意外情况，也可以快速响应，执行快速恢复或提供替代方案。

3. 开放性和总分原则

财务信息管理系统是企业 ERP 的重要组成部分，需要连接其他数据模块。因此，提供符合 SAP 软件标准的数据接口将有助于促进信息传递、使用和开发。由于企业需要规划的内容复杂，需要多方面的协调配合，在规划过程中，应当优先建设涉及财务管理及决策部门的模块，随后陆续接入其他模块。

4. 灵活性和扩展性原则

企业在发展过程中，业务范围随着时间的推移而发生变化。企业在日常发展过程中必须进行调整，以纠正偏离和扩大业务。因此，对财务信息管理系统的功能的要求将会逐步提高。此外，不同行业的企业可能对特定数据模型有特殊要求。在创建应用程序系统的过程中不能使系统整体架构发生变化，还要使工作模块具有灵活性、扩展性。

综上所述，在企业财务信息管理系统发展研究过程中，首先要从整体框架及准则上明确方向，确保顶层设计的完备，同时采用合理的信息管理平台，选择适合企业发展的发展模式，提出切实可行的保障措施，才能较好地建设基于云计算环境下的财务信息管理系统。

（四）云财务建设的目的

第一，降低企业运营成本。企业在目前运营的规模上，可以有效降低财务管理人员规模，同时如果运营规模进一步扩大，人员成本也不会快速增长。

第二，加速标准化进程建设。基于云计算环境的财务信息管理要求工作流程必须标准化，尤其是财务管理方面，必须使用统一的管理平台和使用标准，从根本上推进企业标准化进程建设，提高各部门的信息利用程度。

第三，提高效率和服务质量，有效的信息管理平台可以使复杂烦琐的工作变得更加简单、更加标准、分工更细，把传统的记账式、报销式财务管理升级为策略型财务信息管理。

第四，保证业务发展。业务部门或单位将所有非核心业务交由财务信息管理部门来运作，同时在信息资源方面提供足够的后台支撑，可以使业务部门或单位将工作重心放在管理、生产与运营等方面。

第五，推动财务管理升级。云计算环境下的财务信息管理将企业各部门、各分厂、各公司的后台功能集中在一起，使各个领域的工作人员一起共事、一起交流，通过举办有针对性的培训，提高财务信息管理工作人员的水平，促使部分工作人员向高价值的管理人员转型。

第六，加强集团管控。云计算环境下的财务信息管理使各下属部门、企业在其核心业务上更加投入，财务信息管理平台提供了完整的工作流程，有效避免了集团企业因行业、地区、业务等方面的问题出现无法按照标准执行、决策管理缺失的现象，使更多的信息资源可以供用户使用。

第七，有利于扩张和并购。在进行扩张和并购时，企业只需要考虑业务的扩张，不会增加新机构后台服务的各项费用。

（五）云财务平台构建方案

1. "私有云财务"建设方案

"私有云财务"是指部署在企业内部，仅供企业内部人员或分支机构使用，而不对外提供服务的云财务建设方案。企业具有基础设施的所有权，并可以控制部署应用程序的方式。

一般情况下，"私有云财务"是企业在已有基础设施的基础上自主建设或者由云计算技术提供商协助构建的，并且部署在企业数据中心的防火墙内部或者主机托管场所。"私有云财务"位于企业内部，并由企业本身进行构建、使用和维护，因而能够最有效地控制数据安全性、系统可用性和服务质量。更重要的是，企业可以对现有的基础设施进行升级和改造，充分利用现有资源，避免不必要的浪费。此外，云计算技术的引入可以提高服务器的利用率，提高数据中心的工作效率，应用灵活的部署也可以提高管理效能，其缺点是建设成本和运营成本高，不仅是财力和技术方面的投入高，对技术人员要求也很高，后期运行和服务都需要专门的技术人员。

2. "公有云财务"建设方案

"公有云财务"是企业直接租用公有云服务提供商提供的财务应用或者在租用的云计算平台、基础设施基础上建设财务管理系统的建设方案。公有云是由第三方提供商完全承载和管理，为用户提供价格合理、快速访问的云服务。用户无须购买硬件、软件或支持基础架构，只需为其使用的资源付费即可。

公有云最能发挥云计算低成本、高扩展性、利用效率高的特性。公有云的规模经济效用，使得企业租赁公有云的成本很低；另外对于企业用户来说，云平台的资源可以无限扩展，完全可以满足业务需求，不用担心资源紧缺的状况发生。由于是租用云服务商提供的基础设施、开发平台和应用程序，企业可以免去采购部署硬件设施、开发编程环境以及应用程序的麻烦，也不用购买软件授权和后期维护管理。由于"公有云财务"部署在企业外部的云服务平台上，使用过程中所产生的数据也同样存储于云服务商的基础设施上面，这会让企业担心自己的数据安全性。

3. "混合云财务"建设方案

"混合云财务"是"公有云财务"和"私有云财务"的结合，让使用者能够充分发挥云计算的功能，同时利用两者的优势。私有云和公有云相结合有两种措施，一种是让关键敏感的财务数据和应用程序运行在私有云上，其他数据和应用程序运行在公有云上，实现分离，保证主要财务数据和应用程序的安全性、隐秘性；另一种是让使用频繁的数据和应用程序跨越公有云和私有云，这样可以保证数据访问和应用程序使用的连续性，有效抵抗突发状况。

私有云可靠性较高，但扩展性却有限。公有云具有高可扩展性，但性能往往滞后。而混合云则结合了两者的优点，消除了两者的缺点。企业可以基于应用需求和成本，灵活选择或并用私有云和公有云，来构建具有高可用性和动态扩展性的数据中心，形成混合云的应用模式。

不同的企业和不同类型的应用系统在不同时期的工作负载需求是不一样的。一些企业财务工作在一年之中存在几次工作负载峰值，如果按照峰值需求来建设"私有云财务"，则"私有云财务"在峰值以外的时间段会处于闲置状态，就会造成很大的基础设施浪费，但是不这样的话，"私有云财务"又达不到相应的要求。私有云在应对不确定的工作负载需求、工作负载的峰值需求、不断增加的工作负载需求方面存在局限性。承租的公有云是处理这些限制的一个好的选择，因为公有云的规模效应使得短期使用成本低以及处理能力强。企业可通过租用公有云来应对不断增加的工作负载需求，这样就不用购买基础设施，以此来降低成本。在应对峰值需求和不确定性的需求时，企业可以预先把相关的数据和应用系统部署到公有云上，当本地私有云的负载超过一定的阈值时，自动触发公有云上的应用系统来提供服务，当高负载需求消失后，再将整个负载转回本地私有云。

混合云能够充分发挥云计算的优势，是继公有云和私有云之后的新热点，但是混合云目前还不太成熟，主要存在以下问题：数据安全性问题，如何保持应用系统跨云运行的负载均衡，以及公有云和私有云之间的技术对接问题。

（六）企业云财务建设面临的挑战

目前云财务有一个良好的发展趋势，前景一片光明，但这并不能说明其发展之路畅通无阻，它还面临着巨大的挑战。虽然云计算服务商提供的公有云一般都具有比较高的安全性，但是这并不能完全确保企业的信息完全。对于企业来说，财务数据的泄露是致命的。

因此，加强安全保障和消除企业疑虑是当前需要重点解决的问题。另外，建设云平台对技术和资金的要求很高，在研发风险和开发周期方面都有较大困难，这些都是云计算在财务领域发展的制约因素。云计算在财务信息化发展中面临的问题有以下几点。

1. 隐私性问题

企业最关心的问题是自己存在云端的财务信息不被他人非法使用，机密、核心财务数据不被泄露、非法转移和传播，希望自己的隐私数据能够得到最好的保护。这些隐私性问题都是当前必须考虑的问题。

2. 安全性问题

当下，各种安全问题威胁着网络和系统，存放在云端的企业财务信息很可能会遭受恶意篡改、泄露或者丢失。此外，还有第三方会利用漏洞，趁用户与云服务提供商传输财务信息时，非法截取、篡改和破坏数据。因为大部分的财务信息都是企业的机密，关系到企业的生死存亡，所以云计算应用于财务信息化的前提是保证财务信息的安全性、满足企业的安全性需求，使企业放心地将财务数据存放在云端。

3. 推广阻力问题

受传统观念与传统财务管理软件的影响，用户很难适应新的软件，所以让用户习惯虚拟化、网络化的软硬件也是一件不易之事。现在大多数的用户还不清楚云计算具体是什么，云计算和传统软件有什么区别，具有哪些优势，优势具体能给企业带来什么作用，创造什么价值等。这些问题都极大地阻碍了云计算的推广，是推广过程中不可避免的阻力。

4. 网络传输问题

云财务以互联网或局域网为基础，网络带宽的稳定性以及可用性关系着财务信息的传输效率。大量的数据存取和交换有可能造成网络堵塞或者数据延时，因此网络传输的负载能力严重影响着云财务的应用效果。

5. 服务质量问题

云财务作为一种新兴的技术和服务，对企业实现财务信息化的影响较大。怎样将用户的业务需求与云服务相对接，给用户提供高质量的服务，是云计算系统所要解决的问题。

（七）云财务在企业财务管理中的作用

1. 提高财务业务效率

云财务通过对人员、技术和流程的整合，对流程进行优化再造，使操作标准化，对人员进行专业化分工，将标注化作业和具有规模经济的财务业务放到共享服务中心集中处理，从而提高效率、降低运营成本。大型集团公司分公司众多，各自独立的财务团队难免会出现分歧。而通过财务共享中心，所有分支机构采用标准财务操作流程，废除冗余的步骤，整合集团数据，提高了业务质量，节省了成本。

此外，企业作为使用者购买云商提供的服务，既不需要投入前期云财务开发建设的成本，也不需要后期更新维护，甚至都不需要购买软硬件，只需要根据所使用的资源支付一定的服务费即可。云财务不但可以让企业享受现代信息化服务，而且可以大大降低企业信息化方面的投入，不用在计算机软硬件的购买和培养计算机开发维护人才上支付高昂的费用，有效缓解了资金压力。

2. 促进内部绩效考核

云财务最大化地运用信息化技术，将财务与业务有机结合，避免公司出现信息孤岛的情况，为企业内部控制管理和绩效考核提供了有效的平台。云财务可以使企业在处理公司财务业务的同时，将人力资源部、采购商、销售部门、生产部门等有序结合、统一管理，使业务数据得到及时地保存和使用。

基于此，首先，企业人事专员可以随时查阅各个部门的运营情况和业绩，及时记录与考核，客观评价工作绩效，大大提高了内部绩效考核的效率和公平性。其次，企业管理者可以将财务预测、财务计划、财务核算、财务分析、财务决策等集于一身，为企业的内部控制提供一个有效的平台，帮助企业提高生产力。

3. 推进财务人员向管理会计转型

云财务使财务工作更加自动化和智能化，使财务人员从机械化、标准化的作业中解脱出来，有时间去思考更多的战略问题，从而推动企业财务向管理会计发展转型。云财务的推广实现了动态观察企业经济活动、动态计算企业各类经济指标以及动态规划企业目标的功能。这些功能都为管理会计分析财务数据、评价过去、控制现在、规划未来提供了便利。越来越多的财务职能重新整合，财务人员可以有更多的时间专注于公司的核心业务，既能站在业务的角度看财务，也能站在财务的角度看业务，做到了业财融合，为公司创造更大的效益，更好地适应全程业务发展对管理提出的新要求。

第三节　企业财务管理高层数字化的探索——大数据财务可视化

一、相关概念概述

大数据中的"大"不仅体现在容量上，更体现在数据的整合、交换和分析上，能够为企业发展创造更多价值。作为当下较为流行的技术，大数据技术的合理应用，能够让财务人员全面掌握企业业务活动开展过程中产生的财务数据信息，在对其进行深入分析之后，可以对企业战略发展方向进行合理调整，有助于企业快速适应市场需求的变化。

（一）数据可视化的概念

数据可视化是以信息技术为重要支撑而逐渐发展出来的一种新技术。在传统财务管理工作中，需要财务人员全程参与，在面对海量数据时，工作效率低，很难筛选出对企业发展有价值的信息。在经过不断的发展后，财务数据可视化技术应运而生，可以将财务人员从复杂烦琐的工作中解放出来，节省了人力资源。数据的可视化就是利用图形、线条等方式，将复杂难懂的财务数据直观地展现出来，便于工作人员更好地理解企业当前发展的实际情况。

（二）财务数据可视化的概念

数据可视化诞生于20世纪60年代，人们使用计算机创建图表，提取数据并呈现出数据的各种属性和变量。随着社会和经济的飞速发展，相关数据爆发式增长，人们迫切需要一种更高级的计算机图形学技术及方法来创建、显示如此庞大的数据。新型数据可视化概念最初兴起于享誉全球的 Facebook（脸书）全球用户分布图，该图先抓取用户的信息，再利用统计软件进行数据挖掘，然后根据定义的权重值画线，最后用色盘的方式来标识。全球用户热度图一经发布便引发了财务专业人士的推崇，基于财务数据的特殊性，多年来都是由企业内部相关人员使用，但随着企业上市及公众对企业财务数据的需求，如何使专业的财务数据更简单地展现在潜在投资者面前，是财务领域运用数据可视化的实际需求。

狭义上的财务数据可视化是指以统计图表的形式呈现的财务数据，如饼图、直方图、散点图、直方图等，而广义上的数据可视化可以通过相关模型呈现数据信息。狭义上的财务数据可视化仅用于传递信息，而广义上的数据可视化能够将抽象或复杂的概念、技术和信息呈现出来。财务数据可视化具有巨大的应用价值，一经推出便赢得了财务工作者和企业管理者的一致青睐，但创建数据可视化模型需要大量的计算机知识，因此财务工作者通常会用现有的模式进行数据分析。从最初的饼图、直方图、散点图和直方图到现如今使用 R 语言的三维动态可视化模型，都为财务工作者搭建了新的桥梁，让财务数据变得生动灵活，使企业管理者和利益攸关方能够时刻感受到企业财务信息的变化，也能更轻松地通过分析数据了解企业实际的经营状况。

（三）财务数据可视化流程

①数据采集。财务数据可视化技术的应用，首先就需要全面收集财务报表中的相关数据，保证数据的真实性和准确性，为企业发展提供保障。

②数据可视化。利用 Excel 或其他数据统计软件，采用不同的颜色、字体等，对不同类型的数据进行标记。

③数据处理。要考虑不同部门对数据的要求，对财务数据进行层层细分，从而更好地满足使用者的需求。例如外部使用人员、管理会计、审计部门等对财务数据的需求就不尽相同，因此要根据实际情况进行个性化分析。

④数据验证。在上述各项流程完成后，要从数据使用者的角度出发思考问题，对数据进行反复验证，随后才能进行展示。

（四）大数据财务可视化的由来

一方面，当前我国迎来了大数据时代，市场经济体制改革深化推进，为了提升自身竞争力，企业规模不断扩大。在业务活动开展的过程中，会产生大量的财务信息和数据，由于数据体量大、来源多样、类型丰富，财务人员和企业决策者很难把握其中的重点，也无法轻易地通过数据分析去挖掘背后蕴含的价值。数据可视化的应用，能够让人们更快速地接收和理解数据，提升处理效率。

另一方面，采用人工的方式对数据进行分析和记录，工作效率十分低下而且容易出现失误。在信息技术得到普及和推广的背景下，企业必然要实现从人工流水管理方式到大数据可视化的转变，这既是企业提升管理水平的重要举措，同时也是时代发展的必然要求。财务数据可视化，就是利用图片、线条等方式，将传统的表格、数字等更为直观地展现出来，使其更具有说服力。

不仅如此，部分业务人员对财务工作的了解并不深入，在绝大多数情况下都难以理解财务报表中每一项数据的真正意义。在业财融合背景下，数据可视化的应用，可让业务人员对财务数据有更清晰、更明确的认识，从而满足不同使用者的需要，为企业的稳定发展提供强有力的保障。

二、大数据财务可视化在财务管理中的作用

（一）能够提升财务预算的准确性

在开展经济活动之前，财务人员要根据各部门的实际特点来编制预算，合理进行资金分配，避免出现资金链断裂的情况，财务数据的可视化，能够直观地显示出企业盈利、运营成本等相关信息，提升了预算的准确性。

（二）可满足不同使用者的需求

传统财务管理模式所得出的数据报告具有强烈的专业性特点，普通职工很难看懂，财务可视化数据中包含了企业盈利、债务、亏损等信息，利用扇形图、表格等形式，可以更加直观地展现数据信息，满足不同使用者的需求。

（三）可有效提升企业经济效益

财务数据的可视化，能够从不同的角度对企业运营状况进行清晰、细致的划分，例如上一阶段企业出现了亏损，那么可以利用不同的形式，将成本、产品、销售额等直观反映出来，对亏损的原因进行深入分析。

三、企业大数据财务可视化应用的影响因素

（一）财务数据可视化操作方式存在约束性

企业财务数据可视化应用主要依赖于数据可视化的总体发展水平。随着网络信息技术的发展，数据可视化已步入大数据可视化时代。然而，企业财务数据可

视化的实现需要有专业性较强的技术人员或专家等，尤其是在呈现财务数据等方面更为明显，其专业性要求则更高，这无形之中就抬高了企业财务数据可视化应用的门槛，具有一定的局限性。同时，企业财务数据可视化应用还需要大范围推广，其工作人员的专业化培训和测试都需要投入较大的人力、物力和财力，这也从一定程度上制约了财务数据可视化的发展。

（二）财务数据的特殊性给可视化造成了阻碍

财务数据具备专业性、特殊性等特点，同其他数据明显不同，了解和掌握企业财务数据信息需要具备一定的财务专业知识和业务能力，同时，企业财务数据可视化应用还需要具备计算机系统和数据库等方面专业知识人员，而不懂得财务专业知识的人员，或者不懂得计算机技术应用知识的人员都难以进行可视化应用操作，这些客观因素的存在，无疑增大了企业财务数据可视化应用的难度。

（三）财务数据可视化认知不足且过于保守

由于财务工作大多数是同数据信息打交道，长期处于一个相对保守且封闭的工作环境之中，财务人员或财务工作对新事物的接受程度都不是很高，其态度相对较保守，传统形式所呈现出的企业财务数据可视化和分析并未被完全理解和接受。除此之外，我国绝大多数财务工作人员仍然以传统的财务报表方式来呈现财务数据，而对于财务数据可视化应用并不非常了解，特别是在大数据财务数据可视化等方面，认知度和掌握能力都偏低，也在一定程度上严重制约了财务数据可视化的发展与应用。大数据时代的重要特征是大量的数据，这大量的数据是企业利用相应的渠道取得的。

四、企业大数据财务可视化的可行性

（一）市场分析

当前我国社会主义市场经济体制正处于不断完善的过程中，各行各业都迎来了新的发展机遇，在新的时代背景下，企业的发展机遇和挑战并存。想要提升竞争力，应做到与时俱进，充分利用现代化技术的优势，尤其是互联网、计算机等先进技术，在原有的管理方式上进行创新和优化。要善于发现日常管理中存在的问题，尤其是财务工作方面，将其作为企业风险预测、决策制定、经营管理的重要抓手，为其稳定发展奠定坚实基础。

财务数据可视化将财务数据和分析逻辑进行了结合和统一，从而让企业决策制定、预算编制等更加科学合理。财务数据的可视化，能够通过简易有效的方式来传递财务信息，可为数据校验、审核等提供可靠的参考依据。就目前来看，财务数据可视化的应用范围非常广，包括计算机、电商行业、金融、教育、物流等。在市场经济体制进一步发展和完善的背景下，数据可视化的应用范围将会进一步扩大，并被更多行业接纳。

随着国家社会主义市场经济的发展，社会主义市场经济体制改革进程的有序推进，企业想要在市场环境下寻求更多的发展机遇，不断提升发展成效，需要在市场大环境下加强对管理方式和方法的创新，及时发现风险和潜在的问题并加以解决，更好地夯实发展基础。企业财务管理在一定程度上反映了企业的经营管理情况，企业可以利用财务数据可视化获得的数据信息等精准地判断企业的发展经营情况，结合财务数据和分析逻辑等，更好地在发展战略的制定过程中寻求更多的可靠的数据支持，借助简易有效的数据表达进而直接找出组织的发展优势和短板，这样可以更好地提升决策效率。

财务数据可视化目前形成了很多比较成熟的产品，在计算机、物流、金融以及教育等领域得到了广泛的应用，所以从市场上分析目前财务数据可视化具有广阔的发展前景，并且未来将会得到更大范围的应用和推广。

（二）财务数据分析

财务数据指的是企业在日常经营、业务活动、财务管理中产生的各方面信息，同时也是经营成果的体现，如实反映了企业的盈利、债务偿还能力、发展能力、纳税信息等。在对企业财务数据进行分析和挖掘之后，可准确把握行业发展状况，为日后战略发展目标的制定提供可靠的参考。财务数据大多比较专业，计算过程烦琐，需要应用到多种不同的方式，此外，财务数据反馈的结果十分多样，甚至有部分信息只有专业人员才能看懂，部分企业领导人员对专业数据的分析并不深入。为了解决这一问题，财务数据可视化能够对晦涩难懂的信息进行转化，以一种更简单、更直观的方式来展现，既便于领导者理解，还能够为组织策划提供可靠的保障，提升企业营利能力，降低其日后运营中遇到各种风险的概率。

在应用财务数据可视化工具时，需要有专业的经营管理队伍予以保障，并建立相应的机制和体系，进一步提升工具的应用效果。对于企业而言，在日常工作中应紧紧围绕财务数据的可视化进行合理管控，将其作为重要的基础性工作来对待。一方面，可加大资金、人才等各方面的投入力度，完善硬件、软件配置，为财务数据安全提供可靠保障。另一方面，加强人才队伍建设，让从业人员不仅具备财务、经济、法律等方面的知识，还要熟练应用财务可视化工具以及财务信息化管理软件。企业要定期开展专业技能培训，以财务数据可视化为主题，加强现代化技术和财务管理专业软件之间的联系，以财务工作的高效开展推动企业经营效益的最大化。

财务数据是一个企业财务状况与经营成果的体现，但是财务管理中很多的数据都比较专业，并且计算的过程比较烦琐，反馈的结果也非常多，甚至很多的数据比较抽象，所以不利于组织经营管理者尤其是非科班出身的管理人员进行理解。财务数据分析可以利用财务数据可视化的方式将财务数据进行立体化呈现，这样便于提高管理者的理解能力。当然财务数据可视化工具的应用，还需要企业在经营管理和队伍建设方面予以高度重视并完善相关的保障机制，这样才能确保财务管理专业化工具的应用成效。为此，一方面企业应当围绕财务数据可视化加强组织管理，将其作为财务管理中一项重要的基础工作来进行部署和安排，加强财务管理相关软件的配置，做好基础设施保障，加强数据的动态维护和安全防控，从而确保财务数据可视化工作的有序开展。另一方面应当全面加强队伍建设，不断提升财务管理人员信息技术应用能力，围绕财务数据可视化加强相关技术方法的培训，从而不断提升从业人员现代化信息技术和财务管理专业软件的深度融合与应用能力，更好地为财务数据可视化分析工作的开展奠定基础。

五、大数据财务可视化在财务领域的典型应用

在大数据时代下，随着数据量的激增以及竞争的愈加激烈，企业需要利用数据可视化快速且直观地提取数据中的信息，从而敏捷响应客户需求，对环境变化做出反应。财务部门作为企业的"数据神经中枢"，可以采集和利用的数据增加，企业的财务数据从狭义变成广义，从"小数据"向"大数据"转变。财务部门整合企业各业务模块的数据，对这些数据进行可视化展示，可以辅助财务人员直观快速地进行分析，在提升工作效率的同时，敏捷响应管理诉求。下面重点分析数据可视化在费用分析、共享运营以及资金管理三个场景中的应用。

（一）费用分析可视化

企业的费用数据中所蕴含的信息是企业经营的数字密码，是降低成本、管控风险的关键。费用分析可视化围绕企业费用管理的核心诉求展开指标体系的设计，对企业的费用数据进行分析与可视化展示。

费用分析可视化可以实现：第一，高效、动态、准确地对费用数据进行可视化展示，辅助管理人员及业务人员做出决策。第二，根据企业成本管控需求，自

动对费用数据进行整合分析，并以清晰、直观的方式呈现给财务人员，帮助财务人员敏捷洞察降本增效机会，更好地发挥财务成本管控的作用。第三，实时监控合规控制点的运行情况，识别合规风险事件，保障合规遵从，提升合规管理水平，有效管控财务风险，进而实现费用支出管控、流程效率提升、合规遵从得到强化以及员工满意度提升的目标。

（二）共享运营可视化

财务共享服务是一种将分散于各业务单位、重复性高、易于标准化的财务业务进行流程再造与标准化的作业管理模式。对于企业而言，为了使财务共享服务中心更加高效，需要建立有效的管理、监控和持续优化体制，实现提升用户使用体验以及资源分配效率的目的，因而需要进行全面的数据监控与分析。在共享运营中，对任务、绩效、时效、质量、付款凭证进行全方位刻画，实现对共享服务中心运营情况的监控，一方面可以预防潜在风险，保障共享服务中心的稳定运营，另一方面可以提升管理水平，实现精准决策，提升共享服务中心的服务满意度。

（三）资金管理可视化

资金管理贯穿于企业整个生产经营过程中，企业只有确保资金的安全高效流动，才能实现自身的正常平稳运营。随着规模日益扩大，很多企业日益呈现出集团化和国际化的发展趋势，而规模的扩大和产业多元化的发展，往往导致企业资金分散，资金管理难度提升。

2022年，国资委发文《关于推动中央企业加快司库体系建设进一步加强资金管理的意见》，文件中提道："围绕创建世界一流财务管理体系，将司库体系建设作为促进财务管理数字化转型升级的切入点和突破口，重构内部资金等金融资源管理体系，进一步加强资金的集约、高效、安全管理。"在政策的引领以及企业自身管理诉求的共同推动下，企业对资金管理的时效性、精细度、准确性等的要求进一步提升，对能够满足其资金管理需求的数据可视化分析的诉求愈加强烈。

六、企业大数据财务可视化的发展策略

（一）可视化技术与管理相结合

目前，可视化技术已经发展到了相对成熟的阶段，此时将可视化技术与企业管理相结合，能够在财务数据可视化的基础上自动为管理者生成一系列财务风险预警和管理建议，可以在不同的可视化表达方式下有效地展示出财务部门的大量

财务信息，并且可以在向管理人员呈现的同时让他们更加快速地做出决策，进而提高企业的经济效益。

财务数据可视化管理方法的选择基于信息化，不仅能明显提升财务信息的准确度，而且能进一步增强企业管理人员记忆财务信息的能力，无形中提高了其判断公司未来经济走势的能力，既满足了企业对可视化管理的需求，又为企业财务部门增添了更多的活力。借助财务数据可视化，可以预计在不久的将来，即使是不了解财会的公司管理人员，也能清楚地了解公司当前的财务状况。

（二）整合现有资源做好技术储备

为了促进财务数据可视化的发展，我们有必要积极地将现有资源进行整合，对现有的可视化技术进行二次开发或数据移植。对于如何批量导入财务数据并准确识别的问题，现在并没有较好的解决方法。因此，如何将财务数据进行简单化的批量导入，并且直接生成财务数据可视化的结果，是财务数据可视化急需要解决的问题，也是后续发展的动力所在。

（三）注重学科融合

要注重培养财务人员对跨专业知识的整合以及协同应用的能力。可以预见，未来会计专业将是一门科学、技术以及艺术相结合的门类。目前，财务人员不精通计算机技术，而计算机技术人员也不精通财务知识是推广财务数据可视化的另一大障碍。因此财务人员很难掌握由计算机人员设计的财务数据可视化技术，因此学科融合便显得十分重要。如何将会计学科与计算机学科进行学科层面的融合，是推广财务数据可视化的关键。在学科建设方面，应在高等教育上发力，目前的高等教育模式已经很难满足跨界融合的需求，会计专业学生学习的内容，基本上就是与财务相关的学科，如统计、审计、财务管理等，而随着跨界融合的发展，会计专业对于计算机技术的需求不断增加。

参 考 文 献

[1] 黄倩，张春萍.企业财务管理[M].北京：北京理工大学出版社，2014.

[2] 龙敏.财务管理信息化研究[M].长春：吉林大学出版社，2016.

[3] 于广敏.企业财务管理与资本运营研究[M].长春：东北师范大学出版社，2017.

[4] 姬潮心，王媛.大数据时代下的企业财务管理研究[M].北京：中国水利水电出版社，2018.

[5] 董俊岭.新经济环境背景下企业财务会计理论与管理研究[M].北京：中国原子能出版社，2018.

[6] 罗进.新经济环境下企业财务管理实务研究[M].北京：中国商业出版社，2019.

[7] 李俊秀.企业财务管理的转型与创新研究[M].昆明：云南人民出版社，2019.

[8] 武建平，王坤，孙翠洁.企业运营与财务管理研究[M].长春：吉林人民出版社，2019.

[9] 杨林霞，刘晓晖.中小企业财务管理创新研究与改革[M].长春：吉林人民出版社，2019.

[10] 张书玲，肖顺松，冯燕梁.现代财务管理与审计[M].天津：天津科学技术出版社，2021.

[11] 付艳.小企业财务核算与管理研究[M].沈阳：辽宁大学出版社，2020.

[12] 朱华建.企业财务管理能力与集团财务管控[M].成都：西南交通大学出版社，2015.

[13] 孙彦丛，郭奕，扶冰清.数字化时代的财务中台：共享运营系统[M].北京：中国财政经济出版社，2021.

[14] 徐燕.财务数字化建设助力企业价值提升[M].广州：华南理工大学出版社，2021.

［15］蔡冰.大数据背景下中小企业财务数字化转型研究［J］.中国乡镇企业会计，2020（12）：208-209.

［16］张沁玮.基于共享服务模式下的企业财务数字化转型［J］.财会学习，2020（33）：9-10.

［17］窦雪霞.财务数字化转型相关问题探讨［J］.中国注册会计师，2021（08）：91-93.

［18］张冠芸.论财务数字化转型对提升企业经营管理的作用［J］.当代会计，2021（15）：80-81.

［19］李霞.基于财务共享服务模式刍议企业财务数字化转型策略［J］.科技资讯，2021，19（22）：84-86.

［20］王会波.企业财务数字化转型的理论逻辑与发展趋势探讨［J］.中国注册会计师，2021（06）：106-108.

［21］金源.新技术驱动的财务数字化转型：方向、理念与框架体系［J］.新会计，2021（04）：45-48.

［22］张天峰.基于财务共享服务模式的企业财务数字化转型研究［J］.企业改革与管理，2021（07）：109-110.

［23］严金铭.财务共享模式下企业财务数字化转型策略分析［J］.财会学习，2021（09）：10-12.

［24］孙亚兰，马忠民.数字化转型下的企业财务风险管理创新策略研究［J］.现代商业，2021（02）：181-183.